Vue perspective de l'Eglise Cathédrale d'Amiens.

Duthoy à Amiens delineavit.   Dien Sculp.

DESCRIPTION
DE L'ÉGLISE CATHÉDRALE
D'AMIENS;

Par MAURICE RIVOIRE,

MEMBRE DE L'ACADÉMIE D'AMIENS ET DE
LA SOCIÉTÉ D'ÉMULATION D'ABBEVILLE.

Prix 40 fr., avec la relation du Siége d'Amiens, 3 fr.

A AMIENS,

De l'Imprimerie de MAISNEL fils, Imprimeur de la Pré-
fecture, Cloître St. Nicolas, n°. 8.

1806.

A Monseigneur

Jean-Chrisostôme Villaret,
Evêque de Casal, département de Marengo, Aumônier de S. M. le Roi
de Naples, Président du Collége
électoral de l'Aveyron, ancien Evêque
d'Amiens.

Monseigneur,

Placée d'abord par l'immortel Napoléon sur le
siége d'Amiens, ce grand appréciateur des hommes
et des choses a depuis appelé Votre Grandeur à un
poste où elle devait être plus utile. Comme vous,

Monseigneur, nous nous sommes tus devant sa volonté suprême. Tous les Français lui doivent amour, obéisance et respect. Le Diocèse bénit ce Prince d'avoir du moins adouci ses regrets par le digne et respectable successeur qu'il Vous a donné.

Presque tous les monumens publics ont trouvé des plumes pour les décrire. L'Église Cathédrale d'Amiens, ce chef-d'oeuvre de l'Architecture gothique, cette première épouse de Votre Grandeur, languisait dans l'oubli. Pour l'en faire sortir, j'ai moins consulté mes forces que mon zèle. Heureux, si mon travail, dont Votre Grandeur a bien voulu accepter l'hommage, peut remplir son attente et celle du Public !

Je suis avec respect,

Monseigneur,

De Votre Grandeur,

Le très-humble et très-obéissant serviteur,

Rivoire.

DESCRIPTION

DE L'ÉGLISE CATHÉDRALE

D'AMIENS.

INTRODUCTION.

L'ARCHITECTURE, en général, est aussi ancienne que le monde. Dieu est appelé, dans l'Écriture, *le grand Architecte de l'univers.* Les Égyptiens passent pour avoir élevé les premiers des bâtimens symmétriques et proportionnés. La Grèce seule doit être regardée comme le berceau de la bonne architecture. C'est des peuples de ce beau pays que nous tenons les trois ordres dorique, ionique et corinthien. On doit aux Romains les ordres toscan et composite. Tous ces ordres réunis comprennent ce que l'architecture a de plus exquis. Ce bel art parvint à son plus haut degré de perfection sous le règne d'Auguste ; négligée par Tibère son successeur, et par les Empereurs qui vinrent après eux, l'architecture marcha peu à peu vers sa décadence. C'est sur-tout sous Caracalla que s'évanouit son ancienne splendeur, et que cessa presque entièrement la perfection où on l'avait vue auparavant. Les troubles qui suivirent la mort de ce Prince contribuèrent encore à son affaiblissement, et, sans les soins et la magnificence d'Alexandre-Sévère, elle serait bientôt tombée tout-à-fait.

A

Ce vertueux Prince connaissait et aimait tout ce qu'il y avait de plus noble et de plus convenable aux personnes de son rang. Rien ne fut épargné par lui pour faire refleurir les arts et les sciences. Non content de faire construire un nombre presqu'infini d'édifices en différens lieux, sur-tout à Rome, il appela encore auprès de lui, par des promesses et par des récompenses, tous les architectes qui avaient quelque réputation. Si sa vie n'eût pas été si courte, on aurait vu renaître dans les bâtimens toute la pureté et la perfection qu'on remarquait en ceux qui furent construits dans les tems heureux où ce bel art était en honneur. Mais à peine fut-il parvenu à la fleur de son âge, que ses soldats le tuèrent dans une sédition suscitée par Maximin qui lui succéda.

Ainsi l'amour que *Sévère* eut pour l'architecture ne put la faire survivre à la chûte de l'Empire d'Occident, ni empêcher qu'elle ne tombât dans un oubli dont elle ne put se relever pendant plusieurs siècles. C'est dans ces tems de malheurs et d'ignorance, que les féroces Visigoths détruisirent par-tout les plus beaux monumens de l'antiquité. Ils auraient même entièrement démoli Rome, si Alaric, après l'avoir prise de force, n'eût empêché ses soldats de ruiner les édifices échappés à leur première fureur.

Les Alains, les Vandales, les Suéves, les Huns, les Goths et plusieurs autres nations qui ravagèrent successivement l'Empire, commirent les mêmes excès que les Visigoths : ils renversèrent tous les bâtimens considérables qu'ils rencontrèrent sur leur passage. L'architecture se trouva réduite alors à une telle barbarie, que ceux qui la professaient, négligèrent entièrement la justesse des proportions, la convenance et la correction du dessin, parties qui constituent tout le mérite de cet art.

De cet abus se forma une nouvelle manière de bâtir qu'on nomma gothique, et qui a subsisté jusqu'à Charlemagne et François Ier. qui entreprirent de rétablir la bonne architecture, et de lui rendre ses principes et son antique splendeur. La France, encouragée pour lors par Hugues Capet qui avait beaucoup de goût pour cette science, s'y appliqua avec quelque succès. Robert (1) son fils, qui lui succéda, eut les mêmes inclinations libérales; de sorte que, par degrés, l'architecture changea de face, mais donna dans un excès opposé, en devenant trop légère. Les architectes de ce tems-là faisaient consister les beautés de l'art qu'ils exerçaient, dans une délicatesse et une profusion d'ornemens jusqu'alors inconnus : excès dans lequel ils tombèrent, sans doute, par opposition à l'architecture gothique qui les avait précédés, ou par le goût qu'ils reçurent des Arabes et des Maures, qui apportèrent ce genre en France des pays méridionaux, comme les Vandales et les Goths avaient apporté des pays du nord le goût pesant et gothique.

C'est de cette époque, si funeste aux arts, que date le nouvel ordre gothique; ordre si éloigné des proportions et des ornemens antiques, que ses colonnes, de différens modules, sont ou trop massives en manière de pilier, ou aussi minces que des perches ouvragées de sculptures depuis le haut jusqu'en bas, assemblées deux à deux dans des endroits, et quatre à quatre dans d'autres, soutenues

---

(1) C'est à ce Robert que la ville de Chartres doit sa belle Église cathédrale : il fit construire St. Rieul de Senlis, l'Église collégiale d'Étampes, trois Eglises à Orléans, d'autres à Autun, à Vitry, à Poissy, et St. Nicolas-des-Champs.

la plupart sur des espèces de consoles représentant divers animaux travaillés avec beaucoup d'art et de soin, quoique d'une manière fort capricieuse. Ces colonnes, pour la plupart, étaient couronnées par des chapiteaux sans mesure, taillés de feuilles d'acanthe épineuse, de choux, de chardons, etc.

L'architecture gothique est aussi trop uniforme. Tous ceux qui la comparent à l'architecture ancienne et moderne lui font ce juste reproche. On n'y distingue en effet aucun ordre, aucune variété. Tous les monumens construits dans ce style n'offrent qu'une constante et désagréable monotonie. Lorsqu'on en a étudié un à fond, on connaît tous les autres. Les ornemens qui caractérisent le genre gothique, fatiguent autant par leur petitesse que par leur nombre : il en est peu sur lesquels l'œil puisse se reposer, et qu'il soit facile de distinguer les uns des autres ; voilà pourquoi il déplaît par les endroits mêmes qu'on a choisis pour le rendre agréable.

L'Église cathédrale d'Amiens, dont j'entreprends aujourd'hui la description, paraît, peut-être plus que toute autre Église gothique, exempte de ces imperfections : ses ornemens sont assez simples pour être apperçus ; ils ne sont pas trop variés pour que l'œil ne s'y repose avec plaisir. On peut la regarder comme le triomphe de l'architecture gothique. Les Grecs et les Romains étaient moins hardis dans leurs édifices : ils n'étaient pas plus majestueux. Cette basilique, soit qu'on la considère en masse ou en détail, soit au dedans ou en dehors, est une des plus grandes, des plus belles et des plus majestueuses qu'il y ait en France et même en Europe. Il convient pourtant d'en excepter le portail, duquel on peut dire, comme de la plupart des ornemens gothiques, que c'est une énigme pour les yeux qui le contemplent, et que l'ame, dans cette circonstance, est embarrassée, comme quand on lui présente un poëme obscur.

Cette masse imposante, élevée avec tant de hardiesse et de constance par la main des hommes, est solidement restée sur sa bâse, malgré la lime du tems qui tout *rogne*, malgré ces secousses intérieures qui tant de fois ont ébranlé la terre, et malgré les élémens déchaînés contre les grands édifices. Les siècles ont passé dessus celui-ci sans le détruire, sans l'altérer. Le bon esprit des habitans d'Amiens a su le protéger et le défendre contre les Titans modernes qui voulaient détrôner les Dieux, et ruiner tous les temples où l'on enseigne la morale et où l'on prêche le respect dû aux lois et aux puissances de la terre. Ceux qui aiment et qui cultivent les arts peuvent encore venir contempler ce temple superbe : il est debout et tout entier. Plus heureux que tant d'autres qui ont disparu pendant la tourmente révolutionnaire, il perpétuera long-tems encore parmi nous le goût pour l'architecture du moyen âge. On y fait en ce moment, pour sa conservation, les réparations que le Gouvernement a ordonnées. Quinze ans d'oubli les rendaient indispensables.

Comme la méthode en tout est nécessaire, j'indiquerai d'abord l'origine des Églises, soit en général dans la chrétienneté, soit en particulier dans le diocèse d'Amiens. Je passerai ensuite à la description, tant de l'extérieur que de l'intérieur du monument qui nous occupe. Ce travail sera terminé par le tableau des Souverains et des personnes illustres qui ont visité cette Église, ainsi que par une notice historique et chronologique des Évêques d'Amiens.

CHAPITRE PREMIER,

Origine des premiers temples consacrés au vrai Dieu.

On doit considérer le tabernacle que Moyse fit faire dans le désert par *Béséléel*, fils d'Uri et de Marie, sœur de Moyse, de la tribu de Juda, et par *Ooliab* ou Éliab, de la tribu de Dan, comme le premier temple érigé en l'honneur du vrai Dieu. Josephe nous assure, dans son Histoire des Juifs, liv. 3, chap. 5, 6, 7, 8 et 9, que ces deux Israélites firent en sept mois tous les ornemens de bronze, d'argent, d'or et de pierres précieuses dont le tabernacle était enrichi (2).

Vint ensuite le fameux temple de Salomon, déjà projeté par le Roi David, mais que ce Prince ne put faire exécuter à cause des guerres dans lesquelles il fut continuellement engagé. Cet édifice où l'or et la magnificence brillaient de toutes parts, et auquel tant de milliers d'hommes ont travaillé, fut commencé 480 ans après la sortie des enfans d'Israël hors d'Égypte, l'an du monde 2972, et 1012 avant J. C. Il y avait alors à Tyr

---

(2) Le tabernacle était un temple portatif où les Israélites, durant leur voyage du désert, offraient leurs sacrifices et adoraient le Seigneur. Il pouvait se monter, se démonter et se transporter où l'on voulait. On y distinguait le *saint* et le sanctuaire ou le *saint des Saints*. L'enceinte extérieure s'appelait *parvis*.

Le grand tabernacle fut érigé au pied du mont Sinaï, l'an du monde 2514 : il tint lieu de temple aux Israélites jusqu'à celui que Salomon fit construire dans Jérusalem.

un architecte célèbre, nommé *Hiram* ou *Chiram*, fils
d'un Israélite, dont la réputation était généralement ré-
pandue. Salomon le demanda et l'obtint du roi de Tyr,
pour lui confier la construction du temple qu'il voulait
faire bâtir en l'honneur du *grand Architecte de l'univers*. Cette grande entreprise fut achevée dans l'espace
de sept ans. Ce fut Hiram lui-même qui fit ce nombre
presqu'infini d'ouvrages d'orfèvrerie et de fonte, qui devaient servir à l'ornement du temple et au culte qu'on
y devait rendre au vrai Dieu. Comme tous les ouvrages
sortis de la main des hommes, celui-ci fut détruit et
renversé. Le monde fut le seul temple qui resta pour le
Très-Haut.

Vers l'an du monde 3443, 541 ans avant J. C., dans
la 6e. Olympiade, Cyrus, après avoir, par la conquête
de l'Empire des Mèdes, délivré les Juifs de la captivité
de Babylone, permit à Zorobabel, Prince issu du sang
de David, et à Josué, fils de Josédec, grand Sacrificateur, de rebâtir le temple et la ville de Jérusalem, que
Nabuchodonosor avait ruinés. Les fondemens du nouveau temple furent posés sous son règne. L'ouvrage fut
interrompu par la défense que Cambyse, son fils et son
successeur, fit aux Juifs de le continuer; mais Darius,
fils d'Hystaspes, accorda de nouveau à Zorobabel la
permission de l'achever: il fournit même toutes les choses
nécessaires pour cet édifice, qui fut fini dans la 6e. année
de son règne, 503 ans avant J. C.

Ce bâtiment n'avait guère que la moitié de la hauteur
et de la largeur de celui de Salomon; il paraissait néanmoins si solide et si grand, que les peuples voisins des
Juifs le comparaient à une forteresse. Esdras nous apprend, liv. Ier. ch. 3, que les Lévites seulement âgés

de 20 ans, furent presque les seuls qui y mirent la main.
Nulle part l'architecture n'a été plus en honneur que parmi
ce peuple.

Ce temple, bâti par Zorobabel, eut le sort de celui
que Salomon avait fait construire. Il était réservé à Hé-
rodes-le-Grand, roi de Judée, de le réédifier. Ce Prince,
dont la valeur, la générosité et la magnificence le firent
autant aimer des Romains et des étrangers, que l'injus-
tice avec laquelle il avait usurpé l'autorité souveraine,
sa cruauté envers ses sujets et sa propre famille, et ses
abominables impiétés, le firent haïr des Juifs, exécuta
des ouvrages d'une grandeur et d'une somptuosité surprenantes. On ne peut lire sans admiration ce que Josephe
en a écrit, puisqu'il paraît que ce Roi en a plus fait à
lui seul que tous les autres monarques de son tems. Laissons ses palais et ses châteaux, la plupart tout en marbre au dehors et revêtus de matières encore plus précieuses au dedans ; passons sous silence ce superbe palais qu'il fit bâtir à l'endroit le plus élevé de Jérusalem,
et dans lequel il y avait des appartemens pour Auguste
et Agrippa, la ville d'Antipatride et celles de Sébaste
et de Césarée qu'il consacra à la gloire d'Auguste, pour
ne parler que du temple de Jérusalem qu'il fit réédifier,
et qui surpassa tout ce qu'il avait fait jusqu'alors de plus
magnifique et de plus grand.

Après avoir fait réunir les équipages et les matériaux
nécessaires, il fit démolir l'ancien temple que Zorobabel
avait fait bâtir sous Darius et sur les fondemens de celui
de Salomon : peu de tems après l'on vit le nouveau temple
s'élever avec diligence et somptuosité. Les Juifs étonnés
ne s'attendaient à rien moins qu'à cette entreprise, dont
ils regardaient l'exécution comme impossible. Le corps
principal

principal de cet édifice fut bâti en dix-huit mois. Il avait cent coudées (3) de longueur et cent vingt de hauteur, ainsi que celui de Salomon, tandis que Zorobabel n'avait donné au sien que 60 coudées de haut et de large.

Les portiques du temple, les galeries tant intérieures qu'extérieures dont il était environné, la terrasse qu'on fit pour élargir le haut de la montagne, la muraille destinée à la soutenir, tout enfin fut achevé en huit ans avec une magnificence merveilleuse.

Pour juger de leur grandeur et de leur beauté, il suffira de savoir de quelle manière Hérodes fit construire les galeries détachées du temple. Un mur de pierre et quatre rangs de colonnes d'ordre corinthien, de 2 mètres 27 centimètres (9 pieds) de diamètre chacun, soutenaient cet édifice, et formaient trois différens corridors. Ceux des côtés avaient chacun 9 met. 74 cent. (30 pieds) de largeur, sur 16 met. 24 cent. (50 pieds) de hauteur : celui du milieu était moitié plus large et deux fois aussi haut que chacun des deux autres. Le lambris de ces galeries était orné de plusieurs figures, et travaillé avec beaucoup d'art, ainsi que les colonnes, les entablemens et les autres parties de cet édifice, où toutes les règles de l'architecture étaient savamment observées.

Hérodes, pour finir une si grande entreprise, employa, pendant ces huit ans, dix mille ouvriers, outre mille sacrificateurs qu'il établit pour les conduire. Josèphe dit expressément que les mille sacrificateurs choisis par Hérodes étaient les plus intelligens dans les arts de maçonnerie et de charpenterie.

C'est ce temple que J. C. honora de sa présence quand,

_____

(3) La coudée portait un pied et demi.

B

pour la première fois, il fut présenté à Dieu son père, par les mains de la Ste. Vierge, le jour de la Purification, et que le vieillard Siméon, content de mourir après avoir vu le rédempteur d'Israël, prédit dès-lors à cette vierge-mère, la passion et la cruelle mort de son cher enfant homme et Dieu : *Nunc dimittis servum tuum Domine;* paroles que de bons et malheureux Français proférèrent avec enthousiasme après la journée du 18 brumaire et celle du 2 décembre 1804.

Ce fut aussi dans ce temple que ce divin Sauveur, âgé pour lors seulement de 12 ans, fut perdu par la Ste. Vierge et St. Joseph, et qu'ils l'y retrouvèrent au bout de trois jours, instruisant les Docteurs, et s'en faisant admirer.

C'est encore là, qu'armé d'un fouet, il chassa les marchands qui faisaient de la maison de son père une caverne de voleurs.

Ce superbe temple ne resta sur pied qu'environ 60 ans après la mort de J. C. Il fut brûlé par les Romains lors du saccagement de Jérusalem, ainsi que le rapporte Josephe dans son Histoire de la guerre des Juifs. La destruction de cette ville et de son temple avait été prédite par le Sauveur, en punition de l'horrible déicide commis plus tard en sa personne par la nation juive : *Sanguis ejus super nos et super filios nostros.*

Ce temple existait encore dans la capitale de la Judée, lorsque les Apôtres donnèrent commencement à l'Église de J. C. par leurs assemblées secrètes avec les Fidèles.

Nous lisons dans les Actes des Apôtres, qu'après l'ascension du fils de Dieu au ciel, les premiers Fidèles se retirèrent dans la chambre haute d'une maison où demeuraient St. Pierre, les douze Apôtres, la Ste. Vierge

et plusieurs femmes pieuses. Ce fut dans cette première
réunion que l'Église prit naissance ; que St. Mathias fut
choisi pour remplacer le traître Judas ; et c'est là qu'a-
près dix jours de retraite et de prières, ils furent tous
remplis du St. Esprit le jour de la Pentecôte.

Le nombre des Fidèles se multipliant tous les jours
par suite des prédications des Apôtres, il fallut songer
à une séparation. Quoique dispersés en divers lieux, ils
restèrent toujours unis par l'amitié, par la foi et par leur
soumission au même chef. Ces nouvelles colonies de
Chrétiens se choisirent des maisons secrètes et connues
d'eux seuls, dans lesquelles ils s'assemblaient pour prier
et participer à la fraction du pain. De-là l'origine des
églises paroissiales.

St. Pierre, choisi par Dieu pour devenir le chef visible
de sa nouvelle Église, et la tige de cette longue suite
de Papes qui l'ont gouvernée depuis sa mort , fonda
l'Église d'Antioche peu de tems après la descente du St.
Esprit. C'est là qu'il établit son siége : elle subsista sept
ans. Ce fut en cette ville que les Fidèles reçurent pour la
première fois le nom de Chrétiens. Ce Prince des Apôtres
passa d'Antioche à Rome , où il établit son siége papal.

A mesure que le nombre des Chrétiens s'augmenta ,
les maisons ou lieux d'assemblées secrètes dont j'ai parlé,
devinrent publiques , et furent dans la suite changées
en des édifices somptueux auxquels on donna les noms
de *Temples , Églises , Basiliques*.

On attribue au Pape St. Évariste , mort l'an 120 ,
d'avoir ordonné la construction des églises dans les villes,
sur les tombeaux des Saints Martyrs. Ce fut lui qui dis-
tribua ces églises ou cures, qu'il nomma paroisses, aux
Prêtres de son domaine ecclésiastique.

St. Grégoire de Nazianze, vivant au milieu du 4e. siècle, dit, dans sa cinquième Épître, avoir vu une église de son tems, qui avait treize autels élevés sur les tombeaux d'autant de martyrs.

Eusèbe nous apprend dans sa Chronique, que vers le milieu du 3e. siècle, les églises étaient en grand nombre, belles et riches en ornemens.

Les églises chrétiennes furent presque généralement détruites par ordre de l'Empereur Dioclétien, né l'an 245, proclamé Empereur l'an 284, et mort *senior* en 316. Celles de la Gaule belgique disparurent sous le règne intolérant de l'Empereur Maximien Hercule, né en 250, associé à l'Empire l'an 286, mort en 310. Mais quand la paix fut rendue aux églises par la conversion de Constantin Ier, et des Empereurs Romains ses successeurs, les Chrétiens firent élever d'autres églises plus belles encore, qui ne cédaient en rien, pour la pompe et la magnificence, aux somptueux édifices de la Grèce et de Rome.

Ces églises étaient entièrement isolées. On y parvenait par des galeries couvertes. Ces cours d'entrée se nommaient *parvis*, *atrium*. Les mendians s'y plaçaient pour être plus à portée de recevoir les aumônes, et pour ne pas interrompre la célébration des mystères.

Le frontispice de l'église était garni de trois portes gardées par des ecclésiastiques. Le clergé entrait par la porte du milieu ; les hommes par la droite ; les femmes par la gauche.

Il y avait dans chaque église des lieux destinés pour les femmes : les filles étaient même séparées des femmes mariées. Philon parle de la séparation des sexes dans l'église.

St. Grégoire de Nazianze dit que les femmes se réu‑
nissaient dans une tribune élevée au-dessus du porche,
probablement à l'endroit où l'on place maintenant les
orgues. Les Juifs conservent encore cet usage.

St. Ambroise dit que cette tribune était séparée par
une cloison, dont une partie pour les femmes, et l'autre
pour les filles.

Le corps de l'église était divisé au dedans en trois
parties différentes, par deux rangées de colonnes qui sou‑
tenaient les galeries des deux côtés.

L'espace renfermé dans ces deux rangs de colonnes
s'appelait *nef.* Vers le fond, à l'orient, on voyait l'autel.
L'endroit où il était placé s'appelait le *sanctuaire :* il
était séparé du chœur par une balustrade.

Entre cette balustrade et la nef était un emplacement où
se mettaient les chantres. C'est ce qu'on appelle le *chœur.*

A l'entrée du *chœur* était une tribune élevée qu'on appe‑
lait *ambon* ou *jubé.* C'est de-là qu'on instruisait le peuple.

Tout au fond de la nef, derrière l'autel, étaient des
siéges élevés pour l'Évêque et pour les Prêtres assis en
demi-cercle autour du Prélat.

Quand l'usage des cloches fut introduit dans les égli‑
ses, on éleva des clochers sur la croisée du temple, c'est‑
à-dire devant la porte du chœur.

A côté des églises et dans des bâtimens séparés, étaient
la *sacristie;* le *secretarium* appelé depuis le *chapitre,* où
l'Évêque avec son clergé traitait en secret des affaires de
l'Église.

L'Évêque et les Prêtres avaient leurs maisons à côté des
églises, où ils demeuraient et vivaient en commun. Ces
lieux s'appelaient *cloîtres.*

La propreté des églises répondait à leur magnificence.

Les personnes chargées de nétoyer les églises, de parer les autels, se nommaient *sacristains*.

Outre les peintures sur les murailles extérieures des temples, qui avaient pour objet de parler aux sens des hommes simples et grossiers, et qui, plus tard, furent proscrites par un Concile, on avait, dans l'intérieur, un grand nombre de tableaux où étaient représentés les mystères de la Religion et les actions des martyrs.

On gravait sur les calices Notre-Seigneur, sous la figure du bon Pasteur, portant une brebis sur les épaules. L'intention était d'exhorter par-là l'Évêque et les Prêtres à avoir soin de leur troupeau. *Ego sum Pastor bonus, pasce oves meas.*

On entend par *Cathédrale* l'église épiscopale d'un lieu. Ce nom lui fut donné du mot de *cathedra* où siège épiscopal, parce que l'Évêque qui présidait l'ancien *presbyterium*, était assis sur un siége plus élevé que celui des Prêtres. Le nom d'église *cathédrale* n'est pas fort ancien : il n'a été en usage que dans l'Église latine, et depuis le 10e. siècle. On appelait *église principale* ou *grande église*, celle où l'Évêque célébrait ordinairement.

Ces églises portent encore le nom de *Basiliques*. Ce nom originairement grec, *Basileos*, qui veut dire *Roi, Royal*, nous a été transmis par les Romains. La Basilique de Rome était un bâtiment public et magnifique où l'on rendait la justice à couvert, pour le distinguer du *forum* qui était en plein air. Ce nom de *basilique* a passé ensuite aux édifices dédiés au culte du vrai Dieu, et aux chapelles bâties sur les tombeaux des martyrs. Bellarmin établit une distinction fort juste entre les *temples* et le *basiliques*. Les premiers ne conviennent qu'aux édifices consacrés à Dieu ; car c'est à lui seul qu'on peut ériger des temples et offrir des sacrifices, tandis que les autres, quoique consacrés à la divinité, sont plus spécialement destinés à la vénération des Saints.

La musique et le chant ont presque toujours été en usage dans les églises. La première est aussi ancienne que le monde. Jubal, frère de Jabel, fut l'inventeur des instrumens de musique. (*Gen.* ch. IV, ♭. 21.)

David chantait sur la harpe les louanges du Seigneur. (*Ps.* 150.)

Dans le temple de Salomon, il y avait des chantres et des instrumens divers. (*Paralip.* liv. Ier.)

Les Anges chantèrent à haute voix et avec une musique céleste, le *Gloria in excelsis.* (*St. Luc*, ch. 11.)

St. Paul ordonna aux Fidèles de son tems, de chanter les louanges du Seigneur. (*Ep. ad Col.* ch. 3.)

Vers la fin du 4e. siècle, St. Ambroise, évêque de Milan, composa et introduisit dans son église, le chant à deux chœurs, usage qui, peu à peu, a eu lieu dans toute l'Église.

Le martyr St. Sigismond, roi de Bourgogne, institua des chœurs de psalmodie dans le 6e. siècle.

Guy Arétin, Bénédictin, natif d'Arezzo, vivant l'an 1028, a inventé les notes de musique. (*Dict. de Lavocat*, tom. Ier.)

Le serpent, cet instrument d'un si bel effet dans l'église, si utile pour régler et soutenir la voix, et dont la musique militaire s'est emparée, fut inventé à Auxerre en 1640.

Le premier musicien connu dans l'Église cathédrale d'Amiens, se nommait Firmin Caron ; et le premier maître de musique, Jean Balochart, Chanoine, mort en 1473.

En 1767, le sieur Quentin, ci-devant enfant de chœur, excella sur le serpent.

CHAPITRE II.

Origine des Églises dans le Diocèse d'Amiens.

LE Sénateur Faustinien et sa famille, convertis à la foi chrétienne par St. Firmin-le-Martyr, premier Évêque d'Amiens, avaient fait établir pour eux un cimetière dans un lieu nommé *Abladenne* : c'était la maison de campagne du Sénateur. Ce nom, qui annonce la grande fertilité de ce domaine et l'abondance des récoltes en blé, le distinguait des terres environnantes, qui étaient en général plantées en vignes. C'est dans ce cimetière que Faustinien fit enterrer le corps de ce St. Évêque, qui souffrit le martyre dans Amiens le 25 septembre 303 de l'ère chrétienne.

St. Firmin-le-Confesseur, fils du Sénateur Faustinien, devenu troisième Évêque d'Amiens, héritier d'une riche succession, fit bâtir, vers le milieu du 4e. siècle, une église dans le cimetière de sa famille, et sur le même lieu où le martyr St. Firmin avait été inhumé. Après l'avoir consacrée à Dieu et mise sous l'invocation de Notre-Dame-des-Martyrs, il en fit sa cathédrale et y établit son siége. C'est l'emplacement où existent encore l'église et la ci-devant abbaye de St. Acheul, à deux kil. environ d'Amiens. Cette église est la première connue pour avoir été construite dans le diocèse d'Amiens.

Ses successeurs ont continué de l'occuper en cette qualité jusqu'à St. Salve. Ce fut le 13 janvier 613, que ce Pontife trouva miraculeusement le corps de St. Firmin-le-Martyr, sous l'autel de sa Cathédrale. Peu après, ayant

résolu

résolu de le placer dans la ville même témoin de son supplice, il fit construire dans Amiens une nouvelle église
pour y placer ce dépôt sacré. Lorsqu'elle fut achevée, il
y fit apporter le corps de St. Firmin, quitta sa première
église avec son Chapitre, y transféra son siége épiscopal,
laissant à Notre-Dame-des-Martyrs quelques Prêtres pour
en faire le service, et changea son nom en celui de St.
Ache et St. Acheul, nom qu'elle a porté jusqu'à nous.

Cette première église construite dans Amiens par St.
Salve, dans l'emplacement où sont les grands fonds baptismaux de la Cathédrale actuelle, n'était qu'un édifice
fort simple et en grande partie de charpente.

Un acte capitulaire atteste que cette église existait
encore en 850 ; car ce fut dans cette année qu'un Comte
d'Amiens, nommé Angilvin, et Rimulde sa femme,
donnèrent à l'Église d'Amiens, où le corps de St. Firmin
repose, les biens que les ex-Chanoines ont possédés jusqu'à
la révolution, au lieu appelé Fontaine, sur la rivière de
Selle. L'acte est daté du 30 mars 850.

En l'an 881, cette Église cathédrale fut brûlée par les
Normands, et reconstruite peu après par le Chapitre.

En 1003, selon les Annales Ecclésiastiques, toutes les
églises de la chrétienneté, sur-tout en Italie et en France,
furent démolies et reconstruites avec plus de magnificence ; mais celle dont j'entreprends la description ne le
fut que plus de 200 ans après.

L'an 1019, le 14 avril, l'ancienne église reconstruite
après le départ des Normands, fut de nouveau incendiée
par le feu du ciel. On la répara peu de tems après.

En 1107, le 3 août, autre incendie par la même cause :
nouvelle réparation sous l'Évêque Geoffroi.

Enfin cette église, éprouvée par tant de malheurs, fut

C

totalement réduite en cendres par le feu du ciel, l'an
1218. Tous les titres de l'Évêché et du Chapitre furent
alors brûlés. Cette Église perdit ses anciens Calendriers,
ses Martyrologes et ses archives.

CHAPITRE III.

Église Cathédrale actuelle.

IL y avait deux ans qu'on était sans Cathédrale, lorsque
l'Évêque Évrard, empressé de placer dans un lieu plus
sûr et plus décent, les reliques de St. Firmin et le chef
de St. Jean-Baptiste, qu'avait apporté, le 17 décembre
1206, un Chanoine de Picquigny, nommé Wallon de
Sarton, songea à en construire ne nouvelle qui se trouve
être la troisième Église cathédrale construite dans le
diocèse. Cet Évêque et son Chapitre choisirent à-peu-
près l'emplacement de l'ancienne Église, contre les rem-
parts, comme le moins marécageux.

Le plan en fut dressé par Robert de Lusarches, l'un
des plus fameux architectes de son siècle.

L'Évêque Évrard demanda et obtint le secours du Clergé
et du peuple pour entreprendre ce vaste et superbe édifice.

Robert de Lusarches mit la main à l'œuvre.

Les pierres employées à la construction de l'église ont
été prises, partie dans les carrières de Picquigny, comme
il paraît par un traité fait au mois de mars 1234, moyennant 50^{tt} parisis pour onze ans, payables aux Chanoines
de Picquigny à qui ces carrières appartenaient. Ce fut par

la rivière de Somme qu'on les transporta à Amiens. Les autres pierres ont été tirées des carrières de Croissy, Domélie et Bonnéleau, villages appartenans au Chapitre d'Amiens.

On jeta les fondemens en 1220, et la première pierre fut posée, la même année, par l'Évêque Évrard, sous le Pontificat d'Honoré III et le règne de Philippe-Auguste. *Époque de la fondation.*

Les fondemens des piliers, tant du chœur que de la nef, au nombre de 126, furent comblés en trois ans. Cette église étant bâtie sur un terrein tourbeux et marécageux, il a fallu des fondations très-profondes. Les fondemens sont soutenus par une maçonnerie d'environ deux mètres (6 pieds) d'épaisseur, qui part du milieu de la nef, s'étend jusqu'aux deux bouts de l'église, et lie les quarante piliers qui supportent toute la longueur de la nef, depuis la porte jusqu'à l'extrémité du chœur; ce qui les rend solides et inébranlables.

Toute la galerie intérieure est garnie d'un lien de fer qui la ceint dans tout son pourtour, et qui lie tous les piliers entre eux. Le lien cesse au rond-point du chœur: il a 95 millim. (3 pouces et demi) de largeur, sur 54 millimètres (2 pouces) de hauteur.

Pour concevoir par quelle raison le terrein est actuellement plus élevé au midi qu'au nord, il faut se reporter à l'époque des aggrandissemens postérieurs que la ville a reçus du côté du portail dit de la Vierge dorée. On ne put alors niveler le terrein qu'en comblant les vides. Au-dessus de la cave très-profonde de M. Barry, dans le Cloître St. Nicolas, n°. 10, on voit encore une fenêtre faisant face dans la rue, dont l'enfoncement atteste un exhaussement de terre de plus de 6 mètres (20 pieds).

L'Évêque Évrard mourut dans la troisième année des

C 2

travaux : il fut enterré au milieu de la nef, au-dessous du compartiment fait en forme de labyrinthe.

Son successeur Gaudeffroy ou Geoffroy d'Eu, *de Augo*, parce qu'il était de la famille des Comtes de cette ville, fit élever, pendant son épiscopat, les piliers et galeries jusqu'aux voûtes.

Comme l'ancienne église de St. Firmin-le-Confesseur, ou, selon d'autres, de St. Pierre et St. Paul, construite par St. Salve, se trouva comprise dans le dessin de l'ouvrage, et qu'elle empêchait de bâtir la croisée septentrionale, l'Évêque Geoffroy d'Eu la fit démolir en 1236, du consentement du Curé et des Chanoines. Elle fut rétablie dans le lieu où elle a existé jusqu'à la révolution, en place de l'Hôtel-Dieu qui fut transféré au-delà du grand pont, chaussée St. Leu, sur un terrain que Jean de Crouy, bourgeois d'Amiens, avait acheté à cet effet.

Ce prélat avait pour architectes Thomas de Cormont et Renault de Cormont son fils. Il mourut vers l'an 1237, et fût aussi enterré dans la nef près d'Évrard.

L'Évêque Arnoult, son successeur, fit achever les grandes voûtes, ainsi que celles des bas-côtés. Il fit élever sur la croisée un superbe clocher de pierre qui n'existe plus. Il fit aussi faire les galeries du dehors, les pyramides, les arcs-boutans et les roses.

Comme les fonds étaient épuisés, il fut résolu dans une assemblée capitulaire, tenue en 1240, de faire porter en procession, dans tout le diocèse d'Amiens, la châsse de St. Honoré, pour recueillir les aumônes des Fidèles. On a la lettre écrite à cet effet, le 15 septembre de cette même année, par Gérard de Conchy, alors Doyen du Chapitre, depuis Évêque d'Amiens, à Raoul, Abbé de Corbie, pour demander que cette châsse fût reçue avec honneur dans les paroisses de sa dépendance.

Tout annonce que les peuples ainsi excités, contribuèrent volontiers à la dépense de cet édifice. On en trouve des preuves dans les grandes vitres qui touchent à la principale voûte. La dernière quête faite en l'an 11, (1803), pour réparer les dégradations survenues pendant quinze ans d'abandon, n'a pas produit au-delà de 5000 francs. *Quantùm distat ab illo !*

Les Évêques Gérard de Conchy, en 1252, et Alléaume de Neuilly, en 1258, n'y firent faire que peu de choses.

Au moyen de ces dons, l'église fut achevée l'an 1288. A cette époque, Renault, fils de Thomas Cormont qui avait succédé à Robert de Lusarches, principal architecte, fit mettre l'inscription suivante sur le pavé, au milieu de la nef, et dans le centre du labyrinthe dont je viens de parler. On y voyait aussi des figures représentant l'Évêque Évrard et les trois architectes.

Inscription.

En l'an de grâce mil deux cens
Et vingt, fu l'œuvre de chéens
Premièrement encommenchié.
Adont iert de chest Évechié
Everard, evêque benis,
Et le roy de France Loys
Qui fust fil Philippe le Sage.
Chil qui maistre *estoit* de l'ouvrage,
Maistre Robert *estoit* nommé,
Et de Lusarches surnommé.
Maistre Thomas fû après lui
De Cormont, et après cestui
Son fil maistre Renault, qui mettre

fit à chest point-chi cette lettre
.Que l'incarnation valoit
Treize cents ans, douze en falloit.

Le style de cette inscription n'est pas du 13e. siècle. Il
suffit, pour s'en convaincre, de le comparer avec les écrits
qui nous en restent. Les personnes au fait de notre ancienne littérature, savent que la conjugaison du verbe
être, était tout-à-fait différente du tems actuel. On ne
disait pas alors *estoit*, mais bien *iert*, *erat*. Les copistes
l'auront altérée. Le nom de *Loys* qui s'y trouve, en est
une preuve sans replique. Le Roi régnant en 1220 ne
s'appelait pas *Louis*, mais bien Philippe-Auguste. Au surplus je la donne telle qu'elle nous a été transmise par
les auteurs qui ont encore pu la lire.

La Morlière assure qu'elle était gravée sur des lames
d'airain, placées autour du marbre noir qu'on voit encore au centre de l'église et du labyrinthe, et que, déjà
de son tems, plusieurs vers n'étaient plus lisibles.

D'après cette inscription, l'on a mis 68 ans pour la
construction de cet édifice. On conçoit aisément qu'une
aussi vaste basilique, ouvrage de simples particuliers,
ait exigé ce tems pour être portée à son complément. Il
est difficile, pour ne pas dire impossible, de déterminer
s'il n'y a point eu d'interruption dans les travaux, et encore plus d'en assigner les causes.

On ne s'occupa du soin d'achever les deux tours du
Portail que vers la fin du 14e. siècle, c'est-à-dire, près
de cent ans après la construction du corps de l'église.
Ce point de fait se prouve par une charte de l'Évêque
Jean de Cherchemont, du 9 juillet 1366, par laquelle
il donne, pendant quatre ans, pour y être employée, la
moitié du produit de l'imposition qui se levait alors sur

ses vassaux dans la ville d'Amiens. Il paraît, par les comptes de la fabrique, que ces tours ne furent achevées qu'en 1401.

Nous ignorons quand cette église a été bénite pour la première fois, et quand on a commencé à y dire la messe. Il est certain seulement qu'en 1244, on y faisait l'office canonial, puisque Geoffroy de Meilly, Bailli d'Amiens, dont j'aurai occasion de parler plus tard, fut condamné, par sentence de l'Évêque Arnoult, à y apporter les cinq clercs ou écoliers qu'il avait fait pendre avec violence et précipitation.

Sa consécration.

On a conservé jusqu'à la révolution, de l'eau grégorienne, restant de la première bénédiction de l'église, dont on a su tirer parti.

La première consécration connue de l'église eut lieu le 10 juin 1483, par l'Évêque Versé, et la seconde le 14 juillet 1504. Cette cérémonie fut renouvellée le 14 juillet par Nicolas Lagrénée, Suffragant de l'Évêque Halluin. On doit présumer qu'il y a eu des causes pour renouveller une cérémonie qui n'a ordinairement lieu qu'une fois.

Le 9 décembre 1561, l'Évêque Nicolas de Pellevé réconcilia l'église qui avait été prophanée par quelques protestans.

Cette église fut dédiée à la Ste. Vierge en 1504. Sa fête titulaire est l'Assomption, au 15 août de chaque année.

CHAPITRE IV.

Proportions et mesures de cette Basilique.

	mètr.	cent.	pieds.
Longueur du parvis.	46	75	144
Sa largeur.	9	74	30

Porches.

	mètr.	cent.	pieds.	pouc.
Les trois porches ont, savoir ; celui du milieu en largeur entre les deux trumeaux.	11	69	36	
Idem en profondeur.	5	52	17	
Idem les deux autres en largeur.	6	27	19	
Idem en profondeur.	4	54	14	
Chaque trumeau entre les porches.	2	92	9	
Longueur du portail dans sa totalité.	48	78	150	
Depuis le portail jusqu'à la porte du chœur.	71	44	220	
Longueur du chœur.	42	22	130	
Depuis le chœur jusqu'à la chapelle du fond du rond-point, appelée petite paroisse.	5	84	18	
Profondeur de cette chapelle.	15	26	47	
Total de la longueur dans œuvre.	134	82	415	
Idem en dehors. . . . . (millim.)	146	130	450	
Largeur de la nef entre les piliers isolés.	13	88	44	4
Idem d'une chapelle à l'autre des bas-côtés.	31	82	98	»
Longueur de la croisée depuis le portail du midi jusqu'à celui du nord. . . .	59	12	182	»
Largeur de la croisée.	13	89	42	9

Voûtes.

Voûtes.

	mét.	cent.	pieds.	pouc.
Depuis la base des piliers jusqu'à l'extrémité de la voûte de la nef, on compte en hauteur totale.	42	88	132	»
Savoir, depuis le pavé jusqu'aux premiers chapiteaux des piliers où les voûtes commencent à se courber.	13	85	42	8
Id. depuis ces chapiteaux jusqu'à l'architrave, sous l'appui des galeries par-dedans l'église.	7	38	22	7
Id. depuis l'architrave jusqu'à la frise.	6	48	19	10
Et depuis la frise jusqu'à la voûte.	15	58	48	»
Hauteur des voûtes des bas-côtés.	19	71	60	8
Distance entre chaque pilier.	5	20	16	»
Hauteur de la flèche du clocher doré, depuis le comble, y compris le coq.	65	27	201	»
Et depuis le pavé.	128	64	402	»
Hauteur oblique du comble.	16	24	50	»
Hauteur perpendiculaire du comble.	14	29	44	»
Élévation du chœur.	41	89	129	»
Idem, sa largeur.	13	88	42	9
Les voûtes des ailes et des chapelles ont en hauteur.	19	71	60	8
Largeur collatérale des chapelles.	8	76	27	»
En profondeur.	8	81	21	»

Horloge.

	mét.	cent.	pieds.	pouc.
Sa hauteur.	61	70	190	»
Circonférence du cadran.	31	17	96	»
Idem, son diamètre.	10	39	32	»
Longueur de l'aiguille.	10	6	31	»
Hauteur des chiffres.	»	60	1	10

D

<table>
<tr><td></td><td>mètr.</td><td>cent.</td><td>pieds.</td><td>pouc</td></tr>
<tr><td>Distance qui les sépare.........</td><td>2</td><td>27</td><td>7</td><td></td></tr>
<tr><td>Hauteur des demies...........</td><td>»</td><td>22</td><td>»</td><td>8</td></tr>
<tr><td>Nombre des marches pour monter à l'horloge. . . 292</td><td></td><td></td><td></td><td></td></tr>
</table>

Le grand cadran au-dessus des orgues a été fait au mois d'août 1675, par Arnoul de la Morgue, horloger de Bordeaux. L'horloge qui est en pendule, a coûté 2201ʰ.

Tours.

<table>
<tr><td></td><td>mèt.</td><td>cent.</td><td>pieds.</td></tr>
<tr><td>Élévation de la tour du côté du nord ou du portail de St. Firmin...........</td><td>68</td><td>19</td><td>210</td></tr>
<tr><td>Idem, de la seconde tour.........</td><td>59</td><td>75</td><td>190</td></tr>
<tr><td>Elle a donc de moins que l'autre.....</td><td>6</td><td>49</td><td>20</td></tr>
</table>

Relevé du nombre des marches pour parvenir à la tour la plus élevée.

Depuis le pavé jusqu'au lieu dit la table ronde, où le sieur Bruno Vasseur, entrepreneur de bâtimens et conservateur de l'église, nous a plusieurs fois offert des rafraîchissemens. . . . . marches 133.

Depuis la table ronde jusqu'au plancher de la voûte. 90.

Depuis ce plancher jusqu'à l'escalier de plomb. . . . . 54.

Idem, jusqu'à la plate-forme en plomb où commence le clocher doré. . . . . 29.

Total des marches. 306.

Nombre des marches pour parvenir de la première galerie extérieure à la seconde. . . . . 75.

Idem, de la seconde à la troisième. . . . . 36.

Total. III

Pour mettre mes lecteurs plus à portée de me suivre dans les détails que je vais parcourir, je les préviens qu'ils seront renfermés dans ces deux divisions générales : 1º. Aspect extérieur de l'Église ; 2º. Aspect intérieur.

CHAPITRE V.

Aspect extérieur de l'Église.

SECTION PREMIÈRE.

Façade, ou Grand Portail.

Le *Portail* d'un édifice est la façade où est la principale porte. Quoique cette partie soit susceptible du bon goût de l'architecture, les artistes français y ont presque toujours prodigué les colifichets. Nous n'aurions pas un seul beau Portail dans notre patrie sans celui de l'Église de Ste. Geneviève. Nos plus habiles architectes ont affecté d'élever plusieurs ordres d'architecture dans la décoration de leurs *Portails*. Un seul ordre colossal, formant péristyle, et couronné par un fronton du côté de l'entrée, est l'unique décoration qui puisse donner au frontispice d'un temple l'air noble et majestueux qui lui convient. C'est ainsi qu'étaient décorés les plus beaux temples de la Grèce et de l'Italie. C'est ainsi que Michel Ange, Palladio, Soufflot à Paris, et les plus célèbres architectes modernes ont exécuté les différens portails des édifices qu'ils ont fait construire.

Celui de l'Église cathédrale d'Amiens est loin de faire une exception en faveur de l'architecture française. En le considérant dans son ensemble et dans ses détails, on serait tenté de croire que ce n'est pas la main d'aucun des

D 2

trois architectes de ce temple, qui en a dessiné l'ordonnance et dirigé les détails. Cette façade est en effet loin
de répondre au goût qui caractérise le reste de l'édifice. Il
est cependant certain qu'elle est de la première construction; le style de la sculpture, la forme des mitres épiscopales, comparées aux deux cénotaphes en bronze des Évêques Évrard et Gaudefroi, fondateurs du temple, ne per-
mettent pas d'en douter. En considérant d'ailleurs la superbe rose du cadran, on reste bientôt convaincu qu'elle est
l'ouvrage de l'immortel Robert de Lusarches. Il est cependant possible que ses plans aient éprouvé quelque altéra-
tion lorsqu'on décora cette façade; je dirai même que c'est
vraisemblable. On doit présumer qu'il y avait détaché plus
d'étincelles de son grand talent. Les architectes, dans tous
les tems, ont dû s'appliquer à faire porter aux frontispices
des temples qu'ils ont construits, le cachet de leur génie.
C'est en effet le premier objet qui frappe les regards,
et qui décide l'admiration ou l'indifférence.

Quoi qu'il en soit, il est certain que ce portail n'a reçu
le complément de sa décoration que vers l'an 1401.

L'architecture de cette façade est gothique. On y remarque les deux ordres toscan et dorique.

Nous allons examiner successivement les quatre divisions dont elle se compose, savoir : 1°. les trois portes
d'entrée; 2°. la galerie et les vingt-deux rois de France
placés au-dessus; 3°. la grande rose, 4°. la partie supérieure.

Portes d'entrée.

Trois grandes portes, pratiquées sous de profondes
voussures, divisent régulièrement par le bas ce frontispice, et conduisent dans l'intérieur du temple : celle

du milieu, qui est la plus grande, par où passaient exclusivement l'Évêque et son clergé, se nomme la *porte du Sauveur;* celle à droite, de la *mère de Dieu;* et celle à gauche, de *St. Firmin-le-Martyr.*

La porte du milieu ou du Sauveur est ainsi nommée, parce que le Sauveur du monde repose sur le pilastre qui en sépare les deux battans : il s'y présente dans l'attitude de bénir. Il est environné de ses douze Apôtres. Ses pieds foulent un lion et un dragon à tête et à queue de serpent. La plinthe qui supporte la statue, est ornée de raisins et de pampres enlacés dans les replis d'un serpent qui est en face. Sur le revers, à droite, se trouve un chien, et sur celui à gauche, un coq. L'artiste, par ces figures allégoriques, a voulu représenter l'abondance, la prudence, la fidélité, la vigilance. Au bas du Dieu Sauveur on voit, dans une niche, la statue d'un roi de France, tenant de la main droite un sceptre en forme de thyrse, dont la pointe se termine par une pomme de pin, et de la gauche, un lambel. Ce Roi ne peut être que Dagobert (4) qui, le premier, fonda des églises en France, ou le Roi regnant lors de la construction de cet édifice. Ce qui me fait plutôt croire que ce n'est pas Philippe-Auguste, c'est que ce Prince ne portait pas de barbe, et qu'à cet égard les artistes contemporains n'ont pu se tromper. On apperçoit sur le côté droit de cette statue, un lierre, et sur le gauche, un lys, dont les racines se perdent dans des vases d'une forme assez agréable.

Portail
du milieu.

(4) C'est ce Prince qui a fait construire l'église de S. Denis, où reposait une *poussière de Rois,* et que Napoléon-le-Grand fait maintenant réparer. — On lui doit encore l'achèvement de la célèbre tour de Strasbourg, commencée en 510 par Clovis, et terminée en 643.

Les deux pilastres de ce grand portail sont décorés chacun de cinq figures allégoriques, qu'il est maintenant difficile de reconnaître, parce que les emblêmes sont disparus ou mutilés.

Mais ce que l'on ne peut méconnaître, c'est en bas, à droite (5), l'arbre de la science du mal, et à gauche, celui de la science du bien. Ces deux emblêmes harmonisent avec l'allégorie du jugement dernier, c'est-à-dire, de la séparation des bons et des méchans, représentée sur l'entablement de la première ogive, et dont je parlerai bientôt. Plusieurs médaillons sont rangés de droite et de gauche, sur deux lignes parallèles. Les six premiers de chaque côté, en partant de l'angle intermédiaire jusqu'à la porte, représentent les donateurs et bienfaiteurs de cette église, ayant tous un écu armorié. Les personnes plus versées que moi dans la science du blason et dans la généalogie des anciennes familles du pays, pourront les reconnaître. Les douze autres médaillons, de chaque côté, offrent divers sujets allégoriques. Ceux à droite représentent les corporations d'arts et métiers, qui contribuèrent par des dons à la construction de l'église : on y distingue des fourbisseurs, des armuriers, ect. etc. Ceux à gauche offrent, les uns, Jérémie en méditation; le même, prophétisant devant les portes du temple la ruine prochaine de Jérusalem ; Job, Tobie, Jonas, Samson, etc. ; les autres, Daniel dans la fosse aux lions; le même, devant Balthasar, lui faisant lire sur le mur les terribles paroles rapportées dans l'Écriture Sainte, à la suite de cette fameuse orgie dans laquelle il profana les vases

---

(5) Quand je parle de *côté droit* ou de *côté gauche*, cela doit toujours s'entendre du spectateur, et non des objets.

sacrés : *Mane*, *thécel*, *phares*. (*Mane* marquait que Dieu
avait compté les jours du règne de Balthasar, et qu'ils
étaient enfin accomplis; *Thécel* signifiait que Dieu l'avait
pesé dans sa juste balance, et qu'il l'avait trouvé de
beaucoup trop léger; *Phares* annonçait enfin que son
royaume était divisé entre les Medes et les Perses. Ces
prédictions de l'homme de Dieu ne tardèrent pas à s'accomplir.) Enfin d'autres personnages de l'Ancien Testament.

En élevant les yeux on voit des statues presque colossales, rangées sur la même ligne. Les douze qui sont
de part et d'autre, plus près de la porte, représentent
les douze Apôtres avec les attributs de chacun d'eux.
Celles qui sont après, quelques-uns des Disciples.

Tout l'entablement offre, comme je viens de le dire,
le tableau du jugement dernier, ou la séparation des
bons et des méchans, telle qu'elle est indiquée dans les
Livres saints. L'architecte a tellement médité le texte
sacré, qu'il n'a omis aucun des signes qui la caractéri-
seront. C'est, sans doute, pour s'emparer plus efficacement
des sens de l'homme, et pour le disposer davantage au
recueillement et à une sainte terreur, que la partie la
plus apparente du frontispice de ce temple majestueux,
présente un si épouvantable tableau. Suivons-le dans ses
détails.

Ce tableau a trois divisions distinctes. Dans le premier plan, au-dessus du Dieu Sauveur, on voit des Anges
qui sonnent de la trompette : *Tuba mirum spargens so-
num.* Il semble qu'on leur entend dire ces paroles for-
midables : *Ossa arida, surgite ! Ossemens desséchés,
levez-vous !* A ces sons aigus, à ces paroles lugubres,
les tombeaux s'ouvrent, les pierres se rangent, les sque-

lettes paraissent; la résurrection est générale. Un autre Ange tient, au milieu, des balances pour peser les actions des bons et des méchans. Plus justes que celles des mortels, ces balances ne tromperont personne.

Dans le second plan, au-dessus, s'effectue la séparation des élus et des réprouvés. Le diable, à droite, chasse sa part que les bouches ouvertes de l'enfer semblent attendre : *Ite maledicti in ignem æternum.* De l'autre côté, un Ange à figure radieuse conduit les élus vers le paradis. Un moine en ouvre les portes, et S. Pierre leur en indique le chemin. Fidèle au texte de l'Écriture, *multi vocati, pauci electi; beaucoup d'appelés,* et *peu d'élus,* l'architecte a presque doublé le nombre des damnés. Il y a de part et d'autre des têtes couronnées.

Sur le plan le plus élevé, on voit Jésus-Christ ayant à ses côtés deux personnages à genoux. Celui qui est à droite est un Prince; l'autre, à gauche, un moine qui a l'air d'intercéder en faveur des coupables. Ce moine pourrait bien être St. Bernard qui, un siècle auparavant, avait exalté toutes les têtes, et déterminé ces croisades utiles, à la vérité, pour les ordres monastiques, mais si funestes à la population française. C'est encore lui qui, à côté de St. Pierre, montre aux élus le séjour des bienheureux. Cette conjecture paraîtra plus vraisemblable encore, si, d'une part, l'on veut se rappeler qu'à l'époque de la construction de cet édifice, la fureur des croisades venait de se renouveller; et que, de l'autre, ce Saint promettait aux croisés autant de terrein dans l'autre monde, qu'ils lui en abandonnaient dans celui-ci. Si cette explication ne convenait pas, je pourrais en donner une autre qui a encore de plus grands caractères de probabilité. Ne serait-il pas en effet plus

juste

juste de penser que ces personnages sous le costume mo-
nachal, figurent les Saints patrons des Fidèles, et que
les autres, dans le costume angélique, indiquent leurs
Anges gardiens. Tous deux élèvent leurs mains suppliantes
vers le Sauveur du monde, pour appaiser sa colère et
invoquer sa miséricorde envers ceux qui se sont mis sous
leur protection spéciale, pendant leur court pélérinage
sur la terre.

On verra plus tard que, dans l'intérieur de l'église,
plusieurs des cénotaphes sont composés des morts et de
leurs patrons.

Plus loin sont des Anges, dont l'un tient la croix, et
rappelle les paroles de cet hymne aussi sublime par les
paroles que par la mélodie : *Dies iræ, dies illa, crucis
expandens vexilla.*

On voit encore, sur le massif qui sépare le premier
plan du second, des Anges qui exécutent des morceaux
de symphonie du côté des élus ; et de l'autre, des Anges
armés d'épées flamboyantes, qui chassent les réprouvés.

Le Père éternel, escorté de figures emblématiques,
des Anges gardiens et des Saints patrons, se montre dans
le couronnement de cette ogive.

Tout l'intérieur de la voûte de ce porche est rempli
de figures qui représentent les trônes et les dominations
du ciel comme témoins du jugement dernier. On y voit
des Rois, des Archanges, des Anges, des Chérubins,
des Séraphins, avec des coupes et des encensoirs, dont
quelques-uns sont dans une position verticale, et d'autres
renversés. On distingue, à gauche, un monarque tenant
une flûte de Pan, parfaitement faite et conservée. Sur le
côté droit, des reliefs rappellent les différens crimes commis par les réprouvés. On en distingue sur-tout un que

E

le sculpteur, par égard pour la décence, aurait dû mieux voiler; c'est l'action infâme qui attira les vengeances du ciel sur les villes de Sodôme et de Gomorrhe, et que la naïveté de nos pères ne s'est fait aucun scrupule d'y personnifier.

La voûte de ce porche, ainsi que celles des deux autres, est plus haute que le demi-cercle parfait, afin que les archivoltes ou premiers arcs contournés, ne cachent point les autres archivoltes. Les bandeaux qui règnent sous les voussoirs des arcades, portent chacun sur des impostes, et chaque arcade a son fronton gothique fait en pignon.

Chaque trumeau entre les porches a 2 mètres 92 cent. (9 pieds.) Ils sont surmontés les uns et les autres d'une tourelle pyramidale à jour, accompagnée d'autres petites tours.

C'est le 7 septembre 1787, que furent achevées les réparations commencées quelque tems auparavant, tant au portail du milieu qu'aux deux latéraux. Ils furent regreffés et planchéiés en-dedans par le sieur Desmarais, menuisier du Chapitre, et peints en couleur de bois par le sieur Coquelet, doreur (6). Cette opération eut pour objet de masquer les barres en fer du dedans.

Avant de passer à la description de la porte à droite, je dois exprimer ici mon sentiment sur l'opinion que M. le docteur Rigollot a énoncée dans une dissertation qu'il a lue à l'Académie à laquelle nous avons l'honneur d'appartenir l'un et l'autre; opinion consignée dans le Recueil imprimé des travaux de cette Compagnie. La dis-

_____

(6) Cet artiste est venu de Beauvais s'établir à Amiens où il vit encore. C'est lui qui a doré la flèche.

sertation de mon respectable collègue avait pour objet quelques traits détachés concernant la Cathédrale d'Amiens. En contemplant les arbres de la science du bien et du mal, figurés sur les deux pilastres du portail du milieu ; le placement opposé des élus et des réprouvés ; les coupes et les encensoirs, partie debout, partie renversés, ainsi que quelques autres allégories ; M. Rigollot s'est persuadé, et a positivement affirmé que l'architecte avait eu pour arrière-pensée le manichéisme. Selon lui, l'arbre de la science du bien, les coupes et les encensoirs debout, indiqueraient le bon principe ; tandis que l'arbre de la science du mal, les coupes et les encensoirs renversés, indiqueraient le mauvais principe. Quelle que soit ma confiance dans les lumières de ce collègue aussi modeste que savant, il m'est impossible d'adopter sa pensée. Je n'ai vu et je n'ai pu voir dans ces allégories que ce que j'ai décrit. L'Écriture Sainte, bien antérieure au manichéisme, en a seule fourni l'idée et les détails à l'architecte. Comment, d'ailleurs, supposer que l'Évêque et le Clergé lui auraient permis de retracer une opinion solemnellement proscrite par les Conciles ? Je sens bien qu'à toute rigueur, on pourrait rendre cette hérésie palpable par ces différens emblêmes ; et l'artiste qui en serait chargé, ne ferait pas mal de les employer ; mais croire que l'architecte a eu cette intention primitive, c'est, à mon avis, forcer le sens et mal interpréter sa pensée. On est toujours plus près de la vérité, quand on se rapproche le plus du gros bon sens. L'esprit a ses écarts, et l'érudition ses dangers.

Passons maintenant au portail à droite. Celui-ci porte le nom de *la Mère de Dieu*, à cause de la statue de la Ste. Vierge placée sur le pilier de séparation. Elle écrase

Portail à droite.

la tête du serpent. Les six bas-reliefs placés à droite
sont relatifs à nos premiers parens. C'est la création
d'Adam et d'Ève : cette mère du genre humain sort
toute formée du côté de son trop faible époux. On y voit
encore leur habitation dans le paradis terrestre ; leur dé-
sobéissance ; leur expulsion ; et les travaux manuels auxquels ils furent condamnés. Quatorze cartouches placés
des deux côtés, représentent divers sujets tirés du Nouveau Testament. Là, c'est J. C. prêchant au milieu du
désert, la fuite de la sainte Famille en Égypte, des vi-
sions mystérieuses ; ici, le massacre des Innocens, le Roi
cruel qui l'ordonna, le voyage des trois Rois Mages,
St. Joseph, etc.

Au-dessus de ces médaillons sont quatorze grandes statues destinées à rappeller les différens mystères de la
Ste. Vierge, tels que l'Annonciation, la visite qu'elle
reçut d'Élisabeth, la présentation de son fils au vieillard
Siméon, etc. A gauche et près de la porte sont les trois
Rois qui apportent au fils de l'Éternel, l'or, la myrrhe
et l'encens ; deux Rois de France, et une Reine.

Au-dessus de la porte on voit, en première ligne, six
personnages de l'Ancien Testament, qui m'ont paru être
Moyse, Aaron, etc.

Plus haut, la Vierge mourant au milieu des Disciples,
et ressuscitant au milieu des Anges qui l'encensent.

Enfin, encore au-dessus, son Assomption au ciel :
elle est placée auprès de son divin Fils, recevant les
hommages de la cour céleste.

On conçoit, d'après tous ces détails, que le portail
qui vient de nous occuper, est à bon droit nommé *Portail de la Mère de Dieu.*

On donne au portail à gauche le nom de *St. Firmin*, parce que la statue de ce St. Martyr est placée au milieu de la porte. Le pilier qui sépare les deux portes d'entrée, est orné de six reliefs relatifs à l'entrée de ce saint Évêque dans Amiens ; à son incarcération ; à son martyre ; à l'exhumation de son corps et à la translation de ses reliques.

Des deux côtés on voit, dans des médaillons, les douze signes du zodiaque, les douze mois de l'année, et les quatre saisons.

Les douze signes du zodiaque et les douze mois de l'année, figurés par les travaux rustiques de chacun d'eux, sont placés dans l'ordre suivant :

♋ A gauche, l'écrévisse, *cancer*....... Au-dessous, la fauchaison des prés.

♌ Le lion, *leo*...... La moisson.

♍ La Vierge, *Virgo*...... Le battage des grains.

♎ La balance, *libra*...... La vendange.

♏ Le scorpion, *scorpio*....... Le foulement des raisins.

♐ Le sagittaire, *sagittarius*...... Les semailles.

♑ Au côté droit, le capricorne, *capricornus*...... La salaison des viandes pour l'hiver.

♒ Le verseau, *aquarius*...... Janus servi à table, ou le gâteau des Rois, premier repas de famille dans l'année qui commence.

♓ Les poissons, *pisces*...... L'hiver représenté par un vieillard transi de froid, qui se chauffe.

♈ Le bélier, *aries*...... Les travaux de la vigne.

♉ Le taureau, *taurus*...... La chasse au faucon, ou le printems.

♊ Les gémeaux, *gemini*...... Au-dessous, les chaleurs de l'été.

Les quatorze grandes statues sont celles des Saints
Évêques Firmin , Honoré , Salve , Geoffroi , Berhund ,
etc. On y remarque aussi celles des SS. Fuscien, Victorice et Gentien ; de St. Domice et de St. Denis.

Ce dernier , ainsi que St. Firmin , portent chacun leur
tête dans les mains. St. Firmin la porte plus haut que
l'autre. Il n'y a qu'une seule figure de femme, c'est celle
de la vierge Ste. Ulphe , l'amie et l'élève de St. Domice ;
et qui, selon quelques-uns, a donné son nom à la rue
des Viergeaux ou Vergeaux (7) , parce qu'elle y avait
rassemblé un grand nombre de jeunes vierges qui vivaient sous sa conduite.

Ces trois portails étaient autrefois défendus par des
grilles en bois, que le Chapitre fit enlever en 1722 pour
la décoration des entrées.

Galeries et Rois de France.

La façade de cette Église se compose en outre de
trois galeries extérieures , qui se prolongent dans toute
sa largeur.

Entre les deux premières, au-dessous des abavents des
deux tours, on voit sur une ligne parallèle, vingt-deux
statues colossales, placées dans des niches dont des colonnes forment la séparation. Ces statues sont celles de

---

(7) Il est plus raisonnable de penser que cette rue a pris son
nom d'un *verger* qui séparait autrefois le château-fort situé vis-à-
vis de l'Hôtel-de-Ville, d'une autre petite forteresse placée jadis
au lieu même où est maintenant le Palais de Justice. Tout le terrein intermédiaire entre ces deux forts n'était qu'un verger, sur
lequel on a construit plus tard les maisons qui forment actuellement la rue des Vergeaux.

vingt-deux Rois de France : elles occupent toute la largeur du portail. Charlemagne, dont Napoléon-le-Grand
rappelle les grandes qualités et les brillans exploits, est
facile à reconnaître par le globe impérial qu'il porte dans
une main. Cet Empereur, chef de la seconde race de
nos anciens Rois, et Hugues Capet, tige de la troisième,
siégent au milieu. Ce dernier est facile à reconnaître,
tant à raison de sa corpulence, que de sa grosse tête
qui lui fit donner le nom de *Capet.* On peut croire
que les Rois placés à la droite de Charlemagne sont
de sa race ; et ceux à la gauche de Hugues Capet, les
Rois de la troisième race, qui avaient vécu jusqu'à l'époque de la construction. Le dernier paraît être en effet
Philippe-Auguste. L'extrêmité supérieure des sceptres
placés dans les mains de ces monarques, est à pommes
de pin. On ne voit aucune fleur de lys. Ces figures sont
assez bien conservées.

Les Rois de la race de Charlemagne sont, Louis-le-
Débonnaire ; Charles-le-Chauve ; Lothaire Ier.; Pepin,
roi d'Aquitaine ; Louis-le-Germanique ; Louis-le-Bègue ;
Louis et Carloman ; Charles - le - Simple ; Charles - le-
Gros ; Raoul ; Louis d'Outre-Mer ; Lothaire II ; Louis V.
Ceux de la race de *Hugues-Capet* sont, Robert ; Henri Ier.;
Philippe Ier.; Louis VI ; Louis VII et Philippe-Auguste,
mort en 1223, époque de la construction de l'église. Il est
donc très-probable que ce sont-là les vingt-deux Rois de
France qu'on y voit.

Il est encore permis de penser que l'architecte, en
plaçant ainsi Charlemagne presqu'au centre de la façade,
a voulu rappeler et honorer les services éminens rendus
par cet Empereur à l'architecture. La France, l'Italie
et l'Allemagne conservent encore plusieurs restes des bâ-

timens qu'il fit élever dans ces différens pays. La ville d'Aix lui doit la construction d'une église ou chapelle magnifique; et de-là vient le nom qu'elle prit plus tard d'*Aix-la-Cha-pelle*. Paul Émile assure qu'il n'y a point de lieu dans l'Italie où Charlemagne n'ait laissé des marques singulières de sa magnificence. Florence ruinée lui dut son rétablissement; Rome, une partie de ses beaux édifices; la France, la réparation des bâtimens ruinés par les Sarrazins; la construction d'un grand nombre de nouveaux; l'aggrandissement de plusieurs de ses villes; les murs qui les entourent; les tours, les châteaux ou forteresses qui les protègent, et plusieurs ports construits, tant à l'embouchure des grandes rivières, que sur les côtes de la mer. Sa sollicitude pour l'architecture s'étendit même après sa mort.

Rose.

Au-dessus et vers le milieu de la seconde galerie, une rose, dite la rose de mer, étale les plus riches et les plus admirables proportions. Les armes parlantes de Jean de Cocquerel, lors Mayeur d'Amiens, figurent au milieu. Ce fut lui qui la fit construire à ses frais. J'en parlerai plus particulièrement à l'article *Roses*.

Cette façade se termine par une terrasse ou galerie à hauteur d'appui, et par le sommet des deux tours.

Les animaux monstrueux qu'on apperçoit çà et là sur ce majestueux frontispice, tiennent à la barbarie du tems : ils y furent placés pour servir de noc ou de moyen d'écoulement aux eaux pluviales. On y a substitué depuis long-tems des tuyaux de plomb.

Un St. Michel, armé d'un bouclier et d'un glaive avec lequel il terrasse l'ange des ténèbres, figure sur la pointe de l'ogive intermédiaire des portes d'entrée.

M.

M. Rigollot a vu dans cette statue l'emblême du bon principe qui triomphe du mauvais. Sa conséquence est juste.

Avant d'abandonner ce portail, il faut admirer la délicatesse de quelques sculptures qui le décorent; le cordon dentelé des trois grandes ogives, et le tissu de
fleurs qui s'étend d'une extrémité à l'autre.

Pour monter, tant au haut de l'église que dans les clochers et galeries, on a pratiqué six escaliers d'une forme
admirable et d'un facile accès. Ces escaliers, dont les
noyaux forment des cylindres de pierre qui portent de
front, sont faits par des bouts de marches gyronnées
qui sont presque toutes d'une seule pierre.

Le 2 juillet 1787, entre 4 et 5 heures du soir, le nommé
Jacquot Jamart, neveu du sieur Valart, vitrier de la
Cathédrale, est monté, en présence de plus de 500 personnes, par la façade extérieure du portail, sans autre
secours que ses pieds et ses mains, jusqu'à la terrasse
qui est entre les deux tours; il a passé sur le cadran, et
s'est rendu à la galerie des sonneurs. En suivant la même
buise, on l'a vu entrer par la première fenêtre du côté
du nord. De la terrasse supérieure il est descendu jusques
sur la couverture du portail du midi; a été chercher son
chapeau qui, dans sa chûte, s'était accroché à un chien
qui sert de noc à ce portail. Pour atteindre son chapeau,
cet homme audacieux fut obligé de descendre sur une
petite bordure de 15 centimètres (5 à 6 pouces) de largeur, sur un mèt. 15 cent. (environ 4 pieds) de longueur,
où il ne pouvait poser qu'un pied. Couvert de son chapeau, il a regagné la buise du midi, et est redescendu
tranquillement dans la rue. Il n'a mis qu'une demi-heure
pour effectuer sa bravade. Ce même homme est monté
plusieurs fois jusqu'au coq de la flèche.

F

Tours. .La façade que je viens de décrire, est flanquée de deux tours qui, comme je l'ai déjà dit, ne furent élevées que vers l'an 1366, et terminées en 1401.

La plus haute, c'est-à-dire celle à gauche, a 305 marches ou degrés. Sa hauteur est de 68 mètres 19 centim. (210 pieds). L'autre est de 6 met. 49 cent. (20 pieds) plus basse. Toutes deux sont quadrangulaires. Je dirai en passant à ceux qui sont étonnés de voir deux tours d'une grandeur inégale, que les Églises métropoles avaient seules le droit de les avoir de niveau. Cette différence est en quelque sorte un signe extérieur de vassalité de la part d'un Évêque Suffragant envers son Métropolitain. Ceux qui connaissent la Cathédrale de Paris ou celle de Rheims, savent que les deux tours sont égales en hauteur.

Ces tours sont bien peu de chose en comparaison de celle de Strasbourg. Le feu du ciel ayant détruit la tour que Clovis avait fait commencer en 510, et que Dagobert fit achever en 643, l'Évêque Werner d'Habsbourg fit construire, vers la fin du 13e. siècle, celle qui fait aujourd'hui l'admiration de tout le monde. On ne voit guères d'édifices gothiques plus grands ni mieux construits. Cette tour dont Erwin fut le premier architecte, contient plus de 420 pieds de hauteur, c'est-à-dire, 210 pieds de plus que celle de la Cathédrale d'Amiens. Elle est quarrée jusqu'au niveau de la façade, et percée à jour de trois côtés. Au-dessus elle devient de figure octogône, et est ouverte de toutes parts. On y monte par quatre escaliers hors d'œuvre, soutenus par le bas sur la plateforme, et percés à jour jusqu'à l'endroit où la tour commence enfin à prendre une figure cônique ou pyramidale. Ce bel ouvrage n'a été fini qu'en 1449, par un architecte allemand.

Ne quittons pas la place où nous sommes sans exprimer le regret de voir cette façade imposante absolument
masquée par une ligne de maisons construites trop près,
et qui empêchent de la contempler à son aise. La belle
église de St. Paul de Londres et beaucoup d'autres encore éprouvent le même inconvénient. Les magistrats du
tems auraient bien dû faire percer une large rue vis-à-vis.

SECTION II.

Côté gauche extérieur de l'Église.

Portons maintenant nos pas vers le côté septentrional
de la Cathédrale, et continuons nos observations en entrant dans la rue des Soufflets, par où les anciens Évêques
ont constamment fait leur première entrée dans le palais
épiscopal; c'est aussi par cette rue qu'on les faisait passer
après leur mort pour les conduire au lieu de leur sépulture. Cet usage, respectable par son antiquité, me rappelle ce que j'ai observé et entendu dire dans le plus
riche et le plus beau village de l'univers, à Sardam en
Hollande, situé à un myriamètre ou deux lieues d'Ams-
terdam. La porte principale de chaque maison ne s'ouvre
que deux fois dans la vie pour l'épouse; la première, le
jour de ses nôces pour la conduire au lit nuptial; et la
seconde, le lendemain de sa mort, pour la porter au
tombeau. Cet usage assez extraordinaire a eu sans doute
pour objet de persuader aux femmes qu'une fois mariées, elles devaient renoncer aux plaisirs du dehors, ne
plus recevoir la visite des hommes, et ne s'occuper que
de l'intérieur de leurs ménages. Cette précaution, pour
assurer la fidélité conjugale, et rappeller aux épouses

F 2

leurs devoirs domestiques , serait plus utile et plus nécessaire dans beaucoup d'autres pays. On sait qu'à Londres , les femmes mariées n'admettent jamais un homme
dans leurs chambres à coucher.

M. de Villaret, premier Évêque d'Amiens depuis le
dernier concordat , a dérogé le premier à cet antique
usage. M. de Mandolx, son successeur, vient de suivre
son exemple. Tous deux ont fait leur entrée solemnelle
par le côté méridional de l'église. Il en sera plus ample-
ment question dans la notice historique et chronologique
des Évêques d'Amiens , qui terminera cet ouvrage.

Le premier objet qui frappe les regards, est le pilier
qui, d'une part, soutient la tour de St. Firmin , et de
l'autre, le bas-côté de l'église ; ce pilier angulaire est
décoré de trois statues placées les unes au-dessus des
autres : la plus élevée est une Ste. Vierge tenant l'enfant
Jésus endormi. La tête de la mère est abritée par une
corniche ; un Ange à ses pieds joue du violon pour
égayer le sommeil de son fils. Celle qui succède est un
Roi de France : l'écusson à fleurs de lys, placé à ses côtés,
porte à croire que c'est Philippe de Valois. Ce pourroit
bien être plutôt Charles V, dont le Cardinal de la Grange,
Évêque d'Amiens, placé au-dessous, fut le premier Ministre.

Le logement du suisse est adossé à ce pilier.

Ces statues, ainsi que celles qui se voient sur tout le
côté septentrional de l'église , sont plus modernes et
mieux conservées que celles du grand portail.

Le pilier suivant porte encore trois statues. La plus
élevée est celle de St. Jean-Baptiste avec un agneau dans
ses mains. La seconde , un fils de France, tenant un lys
à la main. La troisième, un Comte d'Amiens, tenant de

la main gauche le gant destiné à soutenir un faucon. Ces deux dernières ont chacune, à leur côté, un écusson armorié.

Ce portail est appelé du nom de *St. Firmin-le-Con-* *fesseur.* Il n'a de remarquable que l'image de ce Pontife de l'Église d'Amiens. Il est surmonté d'un ceintre de maçonnerie qui forme un vitrail de moyenne grandeur, en forme de pattes d'oie ou d'arc, garnies de vitres. Portail de l'Évêché.

Vient ensuite une autre Ste. Vierge; un Évêque, hutêté, est placé dessous.

Les statues qui garnissaient le quatrième pilier, sont toutes tombées. On voit encore sur la terre et au pied de la muraille, les débris de celle de St. Louis.

Deux Évêques décorent l'avant-dernier pilier. Il y a deux femmes sur celui qui termine ce côté gauche du temple. Celle qui est la plus près de terre, représente une Reine de France couronnée : il est vraisemblable que c'est Blanche de Castille, mère de St. Louis.

En retournant sur ses pas, on voit, à sa droite, l'emplacement de l'ancienne église de St. Firmin-le-Confesseur. Après avoir pris la place de l'ancien Hôtel-Dieu, elle l'a cédée à un magasin de bois et à une maison. Tout passe, et rien n'est stable dans ce monde. *Transivi, et ecce non erat.*

SECTION III.

Côté droit extérieur.

Arrivé au côté méridional de l'église, le premier objet qui doit fixer l'attention de l'observateur, est un crochet de fer, appelé *havet*, incrusté dans la pierre vis-à-vis la rue Cloître-de-l'Horloge : il y fut placé dans les tems déplorables de la Ligue, pour servir à barricader les rues. Cette place est fameuse par la résistance que le peuple d'Amiens opposa au Duc d'Aumale, le 9 août 1594. Ce chef des Ligueurs, Gouverneur de l'ancienne Picardie, qui tyrannisait l'opinion dans la cité, s'étant emparé du parvis Notre-Dame, s'y barricada avec 250 hommes, pour s'y défendre contre le parti royaliste qui venait de crier *vive le Roi*, et d'arborer des fleurs blanches aux chapeaux. Les Échevins consternés n'osaient plus sortir de l'Hôtel-de-Ville. Plusieurs ligueurs furent assommés à coups de pierre. Le but du Duc, en se barricadant ainsi, était de dégager les Échevins qui tenaient toujours pour la Ligue. La barricade fut enfin forcée par Montcaurel qui s'était fait donner 50 cuirassiers, et que les Ligueurs regardaient comme de leur parti. Les Officiers municipaux ne se sentant plus appuyés par le Duc, et voyant le peuple se prononcer si fortement contre les Ligueurs, se décidèrent à reconnaître Henri IV comme Roi de France : ils firent publier leur décision à son de trompe, et signifier au Duc d'Aumale l'ordre de se retirer après avoir payé ses dettes ; ce qu'il effectua sur l'heure.

Il est bon de noter ici que l'enceinte de la ville de ce côté, se terminait alors à la Cathédrale. Les rues et bâtimens au-delà sont de construction plus moderne.

Portail de l'Horloge. Ce portail est indifféremment appelé *Portail de l'Horloge* ou *de St. Christophe*, parce que, d'une part, il y a une horloge et un cadran sur cette face de la tour, et que, de l'autre, on y a placé la statue colossale de Saint Christophe qui souffrit le martyre à Lycée, l'an 254. Cette statue est à gauche du portail.

Dans les siècles de superstition et d'ignorance, on

s'imaginait que quiconque avait vu une image de Saint Christophe, ne pourrait mourir subitement ni par accident. De-là vient qu'on le représente d'une grandeur prodigieuse, portant l'enfant Jésus sur ses épaules, et qu'on le mettait au portail des Églises cathédrales, afin que chacun pût le voir aisément.

Une des deux statues placées au-dessus de cette porte grillée, est celle du Seigneur de Dommélieu, qualifié par Ducange de second Comte d'Amiens : elle est drapée suivant le costume des grands Seigneurs du 13e. siècle, et présente sur le poing droit un oiseau de proie, qui paraît être un faucon, signe de puissance féodale. La statue à droite est celle d'un Évêque d'Amiens. C'est à cette place, dit-on, que le Comte a été tué par son neveu. Le lecteur ne sera pas fâché d'apprendre à quelle occasion.

Le Comte Angilvin de Dommélieu avait doté le Chapitre cathédral d'Amiens, dont il était Chanoine, de l'universalité de ses biens situés tant dans le comté de Dommélieu, département de l'Oise, qu'aux environs d'Amiens, et qu'il tenait des libéralités de Charles-le-Chauve, à qui ce Comte avait précédemment rendu de grands services dans les fonctions de l'un de ces Intendans temporaires, connus alors sous le nom de *Missi Dominici*. Ces biens consistaient, entr'autres, dans les terres et seigneuries de Fontaine, Vaquerie, Bonneuil, Dommélieu, Domméreu, les bois de Dury, Hébecourt, Creuse, Revelle, etc.

La tradition vulgaire prétend que cet Angilvin avait offert à plusieurs Chapitres la donation générale de ses biens, à la charge et sous condition que les 150 Pseaumes de David seraient chantés tous les jours après sa mort pour le repos de son ame. La même tradition ajoute que,

voyant ses propositions par-tout refusées comme impra-
ticables, il avait définitivement traité avec les Chanoines
du Chapitre cathédral d'Amiens, sous la restriction que
ces Pseaumes ne seraient récités qu'à voix basse. Le neveu de ce Comte, furieux de se voir ravir ainsi la riche
succession qu'il attendait, tua son oncle à l'instant où il
entrait dans l'église. Ce qu'il y a de bien sûr, c'est qu'on
voit encore dans le porche de ce portail, une pierre placée à droite en entrant dans l'église, à la hauteur d'environ un mètre, sur laquelle est figuré un homme tom-
bant à la renverse : cette pierre se trouve fixée au lieu
même de l'assassinat, pour en perpétuer le souvenir.

Quelques manuscrits attestent qu'on y voyait autrefois
une plaque d'airain, fixée par des clous d'or, remplacés
plus tard par des clous de cuivre, sur laquelle était écrite
l'histoire de ce meurtre et ses causes.

En supposant la vérité très-vraisemblable du fait, il
n'a pas pu avoir lieu du tems de la Cathédrale actuelle,
ni au lieu qu'on indique, parce que le Pseautier que disaient
les Chanoines en leur particulier, fut départi dès l'an 1220,
époque précise de la construction de cet édifice. Jusqu'alors
les 150 Pseaumes avaient été récités chaque jour en commun, et dans l'église.

Cette tradition populaire et encore existante, semble-
roit presque détruite par la charte contenant l'acte de donation, sous la date de l'an 850, qui porte en termes formels,
que cette donation fut faite, par ce Comte, *in mallo pu-
blico;* c'est-à-dire, dans les assises publiques, en présence
et du consentement de Rimulde sa femme, et d'Angilvin,
clerc, leur fils. Mais comme cette charte n'est pas ori-
ginale; que, semblable à toutes celles d'une date antérieure à l'incendie des archives du Chapitre, ainsi que de
l'Église

l'Église cathédrale, en 1100, elle n'est qu'une copie ; on dit que les faits ont été altérés, soit par erreur et involontairement, soit à dessein réfléchi, pour éteindre le souvenir d'une pareille spoliation, ainsi que le reprochait Charlemagne au Clergé de son tems, qui n'était pas trop scrupuleux sur les moyens de s'enrichir ; peut-être enfin par égard pour la famille Dommélieu, ou pour d'autres motifs que j'ignore. Au surplus, il est difficile, et en même tems très-inutile, de connaître la vérité des faits. Revenons donc au portail qui nous occupe dans ce moment, et dont cette digression m'a éloigné pour un moment.

Ce portail n'avait rien de remarquable avant l'ouvrage qu'on y fit au commencement du 14e. siècle, en élevant la chapelle de St. Lambert. La clôture de bois qu'on y voyait alors, fut changée en grille de fer en 1737.

En poursuivant sa route vers l'est, on voit 1º. deux Anges de grandeur naturelle, et plus bas, l'Annonciation; 2º. un St. Nicolas avec trois enfans dans un baquet ; 3º. des campagnards de l'un et de l'autre sexe, ayant devant eux un sac. On lit à côté, mais avec beaucoup de peine, cette inscription sculptée en lettres du 13e. siècle : *Les bonnes-gens des villes* (8) *d'entour Amiens, qui vendent woides, ont faicte chette capelle de leurs omones* (9). Il est facile

—————————————

(8) *Villa*, en latin, signifie maison de campagne, et, dans le moyen âge, *villages*.

(9) *Woides* était le nom que portait autrefois la *gaude*, dont il se faisait un grand commerce en Picardie. L'on dit encore aujourd'hui, en termes de teinture, *guéder*. De *waidium* est venu *guasdium*, *guède*, comme de *varenna*, *garenna*, *varène* ou *garène* de lapins ; et de *Willelmus* est venu *Guillelmus*. Marchands de *woides* étaient alors des mots synonymes de marchands *grainetiers*, ou qui vendent toutes sortes de graines.

G

de voir que ce monument était ci-devant placé dans l'intérieur de l'édifice, et qu'on l'a transporté où il est maintenant. Les deux niches qui sont vides, renfermaient autrefois la représentation d'Adam et d'Ève Le Chapitre, à
raison de leur nudité, en ordonna le déplacement quelques
années avant la révolution. On remarque encore au bas
des niches, mais sous des traits difformes, la tête du serpent tentateur.

4°. Jésus au mont Tabor, environné de deux Disciples.

Portail
du midi.

Le portail situé au midi, porte le nom de *St. Honoré*,
et plus vulgairement encore celui de *la Vierge dorée*. Il
représente différentes époques de la vie de ce saint Évêque.
On y remarque 1°. la main de Dieu qui bénit le sacrifice
du prélat lorsqu'il disait la messe ; 2°. la découverte des
corps des saints martyrs Fuscien, Victorice et Gentien au
village de Sains ; 3°. la guérison du paralytique près la
porte St. Martin-aux-Jumeaux ; 4°. le crucifix en bois de
St. Salve, qui salue la châsse de St. Honoré ; 5°. enfin plusieurs ministres des autels en la primitive Église. Cette
porte est surmontée de deux pyramides en épis de blé, qui
s'élèvent fort haut.

C'est vers la porte méridionale des grandes églises que
se faisait autrefois la purgation canonique ; c'est-à-dire
que, lorsque les Juges ne pouvaient constater suffisam-
ment le fait d'un crime, ils ordonnaient que l'accusé serait
conduit à la porte méridionale de l'église, pour y prêter
serment, en présence du peuple, qu'il était innocent du
crime dont on l'accusait. Cette purgation s'appelait *jugement de Dieu*, et c'est pour cette raison qu'on faisait anciennement de vastes portiques à la porte méridionale des
églises.

Outre ces cinq portails, on entre encore dans l'église Autres portes d'entrée, par deux autres portes ; savoir : celle par où l'on communique avec le palais épiscopal, et celle du puits de l'œuvre. Le nom de l'*œuvre* a été donné à cette porte à cause de la cour qui lui donne entrée. Il n'y a pas long-tems qu'on y voyait encore la table de pierre sur laquelle on comptait tous les samedis les espèces qu'on payait aux ouvriers qui ont construit la Cathédrale.

En parcourant des yeux toute la surface extérieure de ce temple, mille objets agréables viennent se disputer l'attention et l'examen des curieux. Le poids des masses et l'action des vents, des ouragans, viennent se neutraliser contre une infinité d'arcs - boutans qui soutiennent les murs latéraux et sur-tout le chœur. Comme cette dernière partie de l'édifice est la plus délicate, l'architecte l'a fortifiée au-dessous par deux rangs de piliers-boutans, et par de doubles arcs-boutans qui, formant un arc rampant de l'un à l'autre, buttent contre les reins de la voûte pour en empêcher la poussée et l'écartement, ainsi que pour tenir le tout bien serré. Le haut de ces piliers-boutans est surmonté de pyramides en forme d'épis de blé et de petits clochers. Les piliers-boutans qui fortifient l'extérieur de la nef, sont simples, avec un seul arc-boutant ; ils sont rangés sur une ligne parallèle au bâtiment, et surmontés de pyramides. Les ornemens en sculpture ont été répandus avec profusion par l'architecte sur tout l'extérieur de cette belle basilique. Il est à présumer qu'il avait pour but secondaire de détacher les grandes masses, et, en fixant agréablement la vue, de masquer les défauts qu'on pourrait découvrir dans l'architecture.

Section IV.

Galeries extérieures.

Les dehors de l'édifice sont garnis de quatre galeries, dont une sans garde-foux. Lorsqu'on est sujet aux vertiges, ou qu'on manque de courage, il faut se donner garde de la parcourir sans l'appui d'un bras solide. C'est par elles qu'on communique avec toutes les parties extérieures de l'édifice, tels que les voûtes, les clochers, etc. L'une de ces galeries s'étend sur tout le pourtour de l'église. Celle qui est la plus élevée et en même tems la plus dégagée, a son appui au pied du comble de la couverture : cet appui, travaillé à jour, environne toute l'église. La galerie repose sur l'entablement et sur les dalles : cet entablement qui la soutient, est revêtu de lames de plomb, percées de distance en distance, pour procurer l'écoulement des eaux par le moyen des canaux de plomb, pratiqués sous les arcs-boutans, d'où elles se précipitent à terre au travers des gargouilles.

L'appui de la galerie qui environne le chœur, est surmonté, au-dessus de chaque vitrail, d'un fronton gothique à jour, qui forme une espèce de pignon.

Ceux qui aiment à promener au loin leurs regards, et à embrasser de la vue un vaste et superbe horizon, peuvent venir passer quelques heures sur cette galerie et sur le haut des tours et des clochers, sans craindre que l'ennui les gagne. C'est de ce lieu éminent qu'on a sous les yeux le spectacle de ces grands arcs de maçonnerie qui contreventent les voûtes. Leur légéreté contraste pour ainsi dire avec leur force, et cependant ils opposent la plus efficace résistance.

SECTION. V.

Charpente.

Les bois de la charpente de cette église sont du plus fort équarissage, assemblés en divers sens avec un art infini. Tous sont utiles ; tous en décharge : ils n'affectent point la voûte, et servent d'abord d'empâtement inébranlable à la flèche. Le bois dont elle est composée, est partie en chêne, partie en châtaignier.

Cette charpente porte 16 mèt. 23 cent. (50 pieds) de haut dans son glacis à pente ; ce qui donne 14 m. 28 cent. (44 pieds) perpendiculaires. Sur la voûte qui supporte cette charpente, se trouvent deux vastes réservoirs garnis de plomb, toujours remplis d'eau, pour servir en cas d'incendie, et plusieurs des machines qui ont servi, lors de la construction de l'église, pour monter les matériaux.

Au lieu de ces énormes charpentes qui surchargent sans nécessité les murs et les voûtes des grands édifices ; qui en facilitent les commotions et les ébranlemens par la résistance qu'elles opposent aux vents ; qui peuvent être consumées par le feu du ciel, et dont la construction est si dispendieuse, on aurait dû préférer l'usage des anciens architectes. La voûte plein-ceintre de la nef d'une église, couverte de pierres à recouvrement, est le seul toit qui convienne à ce genre d'édifices. Ainsi étaient couverts les temples des anciens peuples ; ainsi l'a été, dans les tems modernes, la belle église de Ste. Géneviève de Paris.

Section VI.

Couverture.

La couverture en ardoises est terminée par une ligne de fleurs de lys, et par des pointes de plomb faites en demi-fleurs de lys, qui occupent toute la longueur et la largeur.

On répare, dans ce moment, la couverture trop long-tems négligée. Il faut espérer que quelques lacunes cou-vertes en tuiles, qui choquent la vue, seront remplacées par des ardoises. Elles y ont été mises par l'infatigable Bruno Vasseur qui, plein de zèle pour la conservation de cet édifice, y a fait, de son propre mouvement, pen-dant cinq ans, beaucoup de réparations et d'avances, pour empêcher la filtration des eaux, dans un moment où il était généralement abandonné de tout le monde.

On sera plus étonné que ce temple, dont le plan offre une croix latine, ait survécu à un si long oubli, en appre-nant que son entretien annuel a toujours été estimé de 15 à 18,000 fr. La plomberie, la couverture, la maçon-nerie, les vitrages, le fer et l'emploi d'autres matières, exigent au moins cette somme.

La pointe de l'aiguille du cul-de-lampe est ornée d'une grande croix de fer, surmontée d'une syrène qui sert de girouette.

Section VII.

Origine des cloches.

Kircher attribue aux Égyptiens l'origine des *cloches*. Les Perses, les Grecs et les Romains n'en ignoraient pas l'usage. Les anciens annonçaient avec des *cloches*, les heures des assemblées aux temples, aux bains et dans les marchés. Josephe en parle dans ses Antiquités judaïques.

Le mot *nola*, *cloche*, a fait penser que les premières cloches avaient été fondues à Nole, où St. Paulin a été Évêque, et qu'on les avait appelées *campana*, parce que Nole est dans la Campanie. Le Pape Sabinien et Saint Paulin n'ont fait qu'en introduire l'usage dans l'Église, vers le 6e. siècle. On peut prouver qu'il y était établi en 610.

Le baptême des cloches est antérieur au 7e. siècle. Le Pape Sabinien paraît être le premier qui ait introduit cette cérémonie dans l'Église : il baptisa la cloche de St. Jean-de-Latran, et lui donna le nom du patron de cette église.

Le clocher le plus singulier de tous est celui de Pise : il penche tout d'un côté, et paraît toujours prêt à tomber. Ainsi l'a voulu l'architecte qui l'a élevé : son intention se prouve par les planchers, les portes et les croisées, qui tous sont posés de niveau malgré cette inclinaison.

Clocher.

Le premier clocher, bâti en pierres avec le corps de l'Église cathédrale d'Amiens, par l'Évêque Arnoult, vers l'an 1240, n'existe plus. Les piliers de la grande croisée se trouvèrent trop faibles pour le soutenir. Le fameux Soufflot a fait la même faute pour le dôme de l'Église de Ste. Géneviève. Un des anciens tableaux de la Cathédrale (10) atteste qu'il était digne des talens de l'archi-

---

(10) On lisait sur ce tableau, donné par Adrien de Lameth, l'un des Chanoines, les vers suivans :

1527.

C'est an durant quinze juillet,
Par foudre fut, le clocher de céans
Épris du feu, et rasé tout net ;
Duquel méfait pleurent maintes gens.

tecte, et qu'il correspondait parfaitement à la délicatesse
de tout l'édifice. Ce clocher était tout à jour, et surmonté
d'une flèche en charpente artistement travaillée.

Il renfermait six cloches qui formaient, dit-on, un
carillon très-harmonieux. Après une existence d'environ
3oo ans, la flèche de charpente fut brûlée, et le clocher
renversé par le tonnerre, le 15 juillet 1527, vers les dix
heures du soir. Cet affreux désastre, vu la hauteur de
l'église et les ténèbres de la nuit, faisait craindre pour
toute l'église dont le comble brûlait par les quatre côtés.
Le métal des cloches et le plomb fondu tombaient comme
une pluie dans l'intérieur de l'église. Dans cet incendie
les six petites cloches furent fondues. L'emplacement du
clocher resta couvert de planches l'espace de deux ans,
en attendant une décision sur la manière dont on s'y
prendrait pour le rebâtir.

En 1529, l'Évêque François de Halluin et le Chapitre
appelèrent de concert auprès d'eux, les plus célèbres architectes et entrepreneurs de la ville d'Amiens : on leur
adjoignit même des architectes étrangers, renommés par
leurs talens. Les délibérations durèrent long-tems sans
offrir aucun résultat admissible. Les plans fournis ne pré-
sentaient pas assez de solidité, ou portaient la dépense
trop haut. On était encore dans le silence et la douleur
de l'inquiétude, lorsqu'un pauvre homme, inconnu et
sans apparence d'instruction, se montra dans l'assemblée :
il se nommait Louis Cordon, charpentier de son état, et
originaire du village de Cottenchy, distant d'environ un
myriamètre et demi d'Amiens. Cet ouvrier venait d'achever son tour de France. Instruit, dans son auberge, du
motif qui rassemblait tant de gens de l'art, il se rendit
au milieu d'eux. Après avoir attentivement écouté tout
                                                          le

le monde, Louis Cordon pria le Chanoine de Lameth de lui donner un moment d'audience. Libre de s'expliquer, il assura qu'on ne réussirait jamais dans aucune entreprise de ce genre, si, pour ne pas charger les arcades et les voûtes qui ne manqueraient pas de rompre sous un si pesant fardeau, on ne se servait, pour soulager les poutres, de clefs de charge et de tarteroles. Son discours fut justifié par un dessin qu'il esquissa de suite. Le Chanoine de Lameth en fit part au Chapitre. Louis Cordon, mandé incontinent après, s'expliqua de nouveau en présence de tous les maitres, justifia ses projets par un plan si simple et si lumineux, que l'assemblée lui confia unanimement l'entreprise de ce grand ouvrage. Il l'éxécuta avec tant d'adresse et de bonheur, que ce clocher, par sa délicatesse, sa légéreté et sa hardiesse, est encore aujourd'hui un objet d'admiration. Le pied est de figure octogone : chaque face a 2 mètres 92 cent. (9 pieds); le diamètre a 7 mèt. 80 cent. (24 pieds); la circonférence, 23 mèt. 38 cent. (72 pieds). Il est construit tout en bois de chêne et de châtaignier. La charpente, exécutée par Simon Taneau, est si bien assemblée et fixée à fleur, que les vrais connaisseurs en ce genre le regardent comme presque inimitable. Cet ouvrage qui est tout à jour, et qu'on peut appeler une forêt, est soutenu comme en l'air par quatre poutres longues de 16 mèt. 24 cent. (50 pieds), dont les extrémités reposent sur les quatre principaux piliers du milieu de la croisée. Ce qui surprend le plus, c'est que ce clocher se soutient sans chevilles, principalement par le haut. Les tenons sont simplement emboîtés dans les mortaises du pivot central ; ce qui met la flèche à l'abri des injures du tems. Si les vents soufflent avec vigueur, elle cède mollement à leur violence : poussée

H

d'un côté par eux, elle penche tant soit peu de l'autre; attendu qu'elle n'est retenue que par les arrêts des tenons qui empêchent qu'elle ne courbe davantage, et elle se remet elle-même d'à-plomb.

Tout cet édifice fut achevé le 22 mai 1533, et béni la même année par l'Évêque François de Halluin.

Jean Pingard, natif de Beauvais, plombier du Chapitre, acheva, la même année, de revêtir ce clocher de lames de plomb, et fit les ornemens qui le décorent. Ces ornemens sont entièrement détachés du corps de l'ouvrage; tels sont les dragons à deux têtes, les sphinx, les gargouilles, les arcs-boutans, les colonnes, les huit figures, la couronne, les pyramides, les feuillages, les arrêts et vitraux qui soutiennent deux salamandres, avec des Anges qui portent chacun un instrument de la Passion.

Dans la même année, Jean Rabache, peintre et doreur, dora tous les ornemens de ce clocher jusqu'à la galerie; ce qui le fit appeler *clocher doré*. On le nomme encore ainsi, quoique la main du tems en ait presque entièrement effacé l'or.

La Duchesse d'Angoulême, mère de François Ier., contribua de cent écus d'or pour l'embélissement de cette flèche. Les six cloches fondues lors de l'incendie du premier clocher, furent remplacées par six autres données à l'Église par Pierre Wallet, Chapelain de la Cathédrale en l'an 1531.

La plus grosse de ces cloches, dont on se servait pour annoncer l'Extrême-Onction, se nommait *Jesus-Maria;* la cinquième, *Guidon*, parce qu'elle servait de guide pour les bourdons. Cette cloche, ainsi que la quatrième, furent refondues en 1633. La troisième se nommait *cloche du jeûne.* La seconde est de l'an 1531. La première avait été refondue en 1672.

Le clocher doré s'était soutenu sans accident jusqu'en 1627; mais le 7 décembre de cette année, sur les dix heures du matin, un coup de vent abattit deux vitres de l'église, avec les compartimens de pierres, et fit pencher la flèche un peu au-dessous de la pomme : cet endroit avait été affaibli par les eaux qui avaient pourri le bout du pivot, en s'infiltrant par un trou à travers la lame de plomb qui le couvrait. Cette partie n'avait d'ailleurs ni assez de corps, ni assez de soutien pour se défendre contre les vents. Tout le clocher, établi sur neuf entrebandes de 15 mèt. 58 cent. (48 pieds) de long, sur 48 cent. (15 à 17 pouces) de grosseur, n'avait que quatre clefs pour fortifier les quatre sablières qui portent les entrebandes, et empêcher l'évasement des arcades et de la croisée de l'église. On y ajouta donc trois autres clefs, et l'on mit un grand arc-boutant pour étayer la flèche qui penche de plus de 19 cent. (7 pouces) du côté de l'Évêché, et que l'on diminua pour lors de 5 mèt. 84 cent. (18 pieds). Deux ouvriers habiles, l'un nommé Wargnier, du village d'Hangest-sur-Somme, meûnier du moulin du Roi, et l'autre, Jean Desquirebecq, charpentier, demeurant au faubourg de la Hautoye, réparèrent ce dommage, moyennant 400ᴸᵗ, au moyen d'un échaffaud sur lequel on montait facilement par un escalier qui tournait autour de la flèche, et qui servait comme de vis, sans être percé en aucun endroit.

Malgré la diminution qu'elle a éprouvée, cette flèche, si richement ornée et d'une si heureuse proportion, n'en perce pas moins encore le ciel. Plusieurs fois on a vu la nue en dérober l'extrémité.

Nicolas Blasset, fondeur à Amiens, couvrit cette flèche

de plomb, fondit la grosse pomme en 1628, et la souda entre les branches de tulipes, sur un hourdage dressé à l'endroit où on la voit. Cette pomme ou sphère, qui porte 5 mèt. 84 cent. (18 pieds) de circonférence, sur 1 mèt. 94 cent. (6 pieds) de largeur, renferme un cœur de bronze doré, surmonté d'une croix dans laquelle sont des reliques des saints martyrs Fuscien, Victorice et Gentien, que le Chapitre y fit placer en 1628 par Antoine Baurain, son couvreur, pour préserver la flèche des atteintes de la foudre.

Les branches de chaque tulipe de fer qui sont au-dessus de la pomme, ont la grosseur du poing, et les lys ont 65 cent. (2 pieds) de circonférence.

Tout le clocher porte 59 mèt. 43 cent. (33 toises et demie) de haut jusqu'au coq. La croix de fer a 10 mèt. 40 cent. (32 pieds) de haut, sur 4 m. 87 cent. (15 pieds) de travers. Depuis la petite pomme jusqu'à la grosse, on compte 2 mèt. 58 cent. (8 pieds); depuis cette grosse pomme jusqu'à la fenêtre par où on monte au coq, 16 m. 22 cent. (52 pieds); de cette fenêtre au coq, 25 mèt. 31 cent. (78 pieds); et depuis le pavé de l'église jusqu'au coq, il y a 130 mèt. 54 cent. (402 pieds).

Le 29 juin 1712, à une heure après midi, le tonnerre mit le feu un peu au-dessous de la pomme. Cet accident qui alarma le Chapitre et la ville, n'eut pas de suite. Les secours furent prompts et sagement administrés.

Le 16 septembre 1784, un ouvrier maçon, nommé Devauchelle, monta à une heure moins un quart jusqu'au coq de la flèche; s'assit dessus, battit le briquet, alluma sa pipe, et la fuma à la vue de tout le monde. Cet homme fut renvoyé par le Chapitre, pour avoir fumé dans un endroit si périlleux pour l'incendie.

Le 23 avril de cette année 1806, le sieur Bruno Vasseur, entrepreneur de bâtimens dans cette ville, pour qui ce n'est qu'un jeu de monter au coq, l'a descendu pour y placer une étoile en fer-blanc, sur laquelle il avait fait graver le nom de notre Empereur, et l'y a replacé à la vue d'un grand nombre de spectateurs.

L'ouragan du 18 brumaire an IX a occasionné un écartement dans la voûte qui supporte le clocher. On s'occupe, en ce moment, à obvier aux suites fâcheuses qu'il pourrait avoir plus tard. Les premiers dangers furent arrêtés en 1804 par le sieur Bruno Vasseur. Cet homme hardi et zélé pour la conservation de cet édifice, s'étant apperçu que vingt-quatre pieds d'arche, sous la voûte du grand clocher, s'étaient surbaissés de 8 cent. (3 pouces), et menaçaient d'une chûte prochaine, eut le courage d'arrêter les progrès du mal, en y mettant quatre colliers de fer pour les retenir. Pour y parvenir, il fut obligé de se faire hisser du pavé jusqu'aux voûtes, sur une planche qui lui servit d'échafaud. Il a terminé cette opération dans les premiers jours d'avril 1806.

Les deux bourdons des tours sont d'un poids considé- Bourdons. rable. Ces deux cloches, dont l'accord était parfait et l'harmonie agréable, furent refondues dans la cour du palais épiscopal, le 6 juin 1736. La plus grosse, qui se nomme *Marie*, pèse environ douze mille livres ou six mille kilogrammes ; et l'autre, nommée *Firmin*, pèse environ dix mille livres ou cinq mille kilogrammes : elles sonnèrent pour la première fois le jour de l'Assomption 1736.

Les quatre maîtres piliers qui soutiennent tout le fardeau de l'édifice, ainsi que deux autres piliers, avaient éprouvé quelques altérations dans leur position verticale : ils furent ancrés et réparés en 1497. Comme on attribua

ces altérations à l'ébranlement occasionné par les bourdons, il fut décidé en Chapitre, par un acte de 1503,
qu'à l'avenir on ne les ferait pas sonner plus d'un quart
d'heure à chaque fois.

Le plus petit des bourdons ne sonne plus : il s'est fêlé
le 8 novembre 1803 (16 brumaire an XII), pendant la
messe dite *messe rouge*, que la Cour d'appel fit célébrer
pour la première fois le jour de sa rentrée.

Cloches.   La tour du côté de l'horloge renfermait huit cloches.
Les deux plus petites, dont l'une se nommait *Domice*,
et l'autre *Ulphe*, furent fondues en 1697. Une autre portait le nom d'*Adrien de Henencourt*, son donateur, qui,
mort en 1330, laissa des fonds pour l'entretien des cloches
de la Cathédrale. La *Charlotte* portait le nom d'un Pénitencier. Une, la *Jeanne*, celui d'un Chancelier de cette
église. Sur une autre on lisait : *Jean de Vauvert me fit
en mai* 1503. La plus grosse, qui se nommait *Mère de Dieu*,
fut fondue vers la fin du 16e. siècle.

De toutes ces cloches, il n'en reste plus que deux. La
plus petite vient de l'Église paroissiale de St. Firmin. La
révolution a fait métamorphoser les autres en un numé-
raire fort sale et fort incommode. Depuis lors, les personnes que le bruit des cloches ennuie ou fatigue, ne
souhaitent plus, comme autrefois, que les sonneurs aient
au col la corde qu'ils tiennent dans les mains.

Ce clocher portait généralement le nom de *clocher
sourd*, parce que les ouïes ne sont pas assez ouvertes,
et que le son des cloches était en quelque sorte étouffé.

En 1597, pendant le siége d'Amiens, les Espagnols
s'emparèrent de toutes les cloches des églises. Les canon-
niers d'Hernandès-Teillo étaient sur le point d'enlever

celles de la Cathédrale ; mais le Chapitre les racheta en payant une somme considérable.

Le 20 avril 1802 (30 germinal an X), les cloches de la Cathédrale ont annoncé la dernière décade ou les funérailles du dimanche républicain. Ses frères *primidi*, *duodi*, etc. étaient morts quelques années auparavant.

CHAPITRE VI.

Aspect intérieur.

APRÈS avoir passé en revue tout ce que l'architecture et les décorations extérieures de cette église, offrent de curieux et d'intéressant, nous allons maintenant pénétrer dans son intérieur, où de nouveaux objets appelleront notre attention et charmeront nos regards.

Avant de parcourir les détails , livrons-nous d'abord aux sentimens confus d'admiration et d'étonnement qu'inspirent la hauteur, l'élégance de la voûte, la multitude et la légéreté des piliers qui la soutiennent ; cette ravissante perspective qui termine la longueur de l'édifice ; la diversité des aspects, le jeu des nervures et des voûtes, l'élégance, le dégagement des supports, la régularité du rond-point du chœur, les magiques effets des jours, les moyens hardis et ingénieux que l'architecte a employés pour donner du mouvement à sa production, et la revêtir de cet éclat pompeux qu'on essayerait envain de trouver dans une autre basilique. On se sent saisi d'un recueillement religieux à l'aspect des chapelles qui remplissent les bas-côtés ; des grilles qui les ferment ; des cierges brû-

lans qu'y allument la piété, le malheur, la douce espérance;
du silence auguste qui règne dans toute cette vaste enceinte; de cette chaire où des orateurs chrétiens tonnent
contre le vice, exhortent à la vertu, au pardon des injures, appellent les remords dans l'ame du coupable, le
font triompher de ses passions, et soutiennent la faiblesse
préte à succomber; de ces confessionnaux où l'orgueil
vient s'humilier, et la nature humaine se montrer dans
toutes ses misères et dans toute sa turpitude. Ce charme
mélancolique qu'on éprouve et qu'on caresse, prend un
nouveau degré d'accroissement quand on considère cette
multitude d'hommes prosternés au pied des autels, qui
viennent entretenir le Très-Haut de leurs craintes, de
leurs maux; lui demander pardon de leurs torts, de leurs
faiblesses; lui promettre de réformer leurs mœurs, de
pardonner à leurs ennemis; invoquer même pour eux ses
miséricordes, s'encourager à bien faire encore plus par
l'espoir des récompenses que par la crainte des peines.
Là c'est une vierge pudibonde et timide, qui vient prier
Dieu de protéger son innocence, de l'armer de courage
et de force pour triompher d'un aimable séducteur qui la
sollicite. Ici c'est une mère éplorée qui, les mains jointes,
les yeux humides de larmes, supplie la bonté divine de
rendre la santé à un fils chéri, à une fille aimable dont
les organes affaiblis par la maladie, luttent encore contre
l'impitoyable mort. Plus loin, je vois une épouse outra-
gée, délaissée, malheureuse, qui verse dans le sein de
la Divinité compatissante, les peines qui déchirent son
cœur et tourmentent son ame. Un tableau non moins
attendrissant vient exalter encore l'homme moral, déjà vivement agité par tout ce qu'il sent, par tout ce qu'il voit:
ici le riche s'agenouille à côté du pauvre; les vêtemens du
luxe

luxe touchent les haillons de la misère ; ceux qui comman-
dent et ceux qui obéissent, se confondent et s'humilient
ensemble devant leur père commun, devant celui qui
seul est grand, qui seul est éternel et indépendant.

Mais il est tems de se rappeler l'objet principal qui
nous amène dans l'intérieur de cette basilique.

Pour être plus utile à l'observateur, je vais faire le
programme de sa course et de ses études.

1º. Les colonnes ou piliers.

2º. Les galeries intérieures.

3º. Les voûtes et la nef.

4º. Les vitrages.

5º. Les roses.

6º. La chaire.

7º. Le pavé.

8º. Les orgues.

9º. Les chapelles et les monumens.

10º. Enfin le chœur, tant au-dehors qu'au-dedans.

SECTION PREMIÈRE.

Colonnes ou Piliers.

Les murs, les voûtes et la grande croisée de l'église,
sont soutenus par 126 piliers ou colonnes. Dans ce nombre, 44 sont isolés ; quelques-uns ne le sont qu'à-demi ;
d'autres sont insolés, adossés ou engagés dans les corps
des piles ou des murs : il en est qui sont cantonnés de
quatre, de six et de seize boudins. Tous ces piliers portent le poids des entablemens. Les deux gros piliers qui
soutiennent le portail, laissent un vide de 4 m. 38 cent.
(13 à 14 pieds), jusqu'aux piliers voisins, qui sont éloignés

I

l'un dè l'autre de 4 mèt. 87 cent. (15 pieds). Quelques-
uns de ceux de la croisée sont distans de 5 mèt. 84 cent.
(18 pieds) ; mais ces entre-colonnemens sont ménagés avec
tant d'art et de jugement, qu'ils forment un tout admirable. Les piliers qui soutiennent le portail, tiennent au
corps du bâtiment par près de la moitié de leur sphère.
Le diamètre des piliers isolés est de 1 mèt. 35 centim.
(4 pieds 2 pouces) ; et par conséquent leur circonférence
est de 4 mèt. 6 cent. (12 pieds 6 pouces). Les gros piliers
sont isolés et posés chacun sur leurs stéréobates (11) quarrés, qui soutiennent les bâses : ils ont chacun quatre
moyennes colonnes adossées aux quatre coins, qui les
font paraître comme quarrés, quoiqu'ils soient ronds. Huit
autres colonnes plus petites, rangées deux à deux à chaque
côté, et une autre plus grosse de la moitié du diamètre,
et placée au milieu de ces hui t. composent le pourtour
de ces piliers principaux, et reçoivent toutes les retom-
bées des nervures des voûtes, dont le milieu est garni
de branches d'ogives croisées et délicates, qui forment
une espèce de croix de malthe.

Les colonnes qui entourent le chevet du chœur sont plus
petites et accompagnées de boudins cantonnés. Les piédestaux à plusieurs faces forment un polygone, et sont
ornés de tores (12) et de moulures ; le tore inférieur a
plus de grosseur, parce qu'il est séparé de l'autre par une
nacelle ou scotie d'une profondeur proportionnée. Ces co-

_____

(11) Le *stéréobate* ou soubassement est une large retraite ou
espèce de piédestal continu, qui sert à porter un édifice. Les architectes le nomment *stéréobate* quand il n'y a ni bâse ni corniche.

. . (12) Ce mot vient du grec, *toros*, qui signifie cable. C'est une
grosse moulure ronde, servant aux bâses des colonnes. On le
nomme aussi *boudin*. etc.

lonnes portent, dans le diamètre de leur bâse, la moitié des entre-colonnemens. Les colonnes isolées ont 1 mèt. 84 cent. (5 pieds 8 pouc.) de diamètre, et les bâses, 2 mèt. 43 cent. (7 pieds et demi). Les piliers principaux ont 6 mèt. 17 cent. (19 pieds) de circonférence.

Au-dessus des feuilles d'acanthe qui composent l'ornement des chapiteaux de ces colonnes gothiques, il y a des abaques (13) quarrés, comme les plinthes du chapiteau de l'ordre toscan; ils servent d'imposte aux branches et croisées d'ogives qui, prenant naissance à cet endroit, forment, dans leur élévation, des arcs doubles, excepté aux arcades du chevet du chœur, qui sont ornées de nervures.

On compte 16 piliers isolés dans la nef, et un pareil nombre dans le chœur.

Tous ces piliers, à l'exception des quatre qui soutiennent le clocher, ont une grosseur égale, et sont, comme je l'ai déjà dit, distans les uns des autres de 5 m. 20 c. (16 pieds).

C'est ici le lieu de parler de deux singularités assez frappantes. 1°. Tout autour du rond-point du chœur, et contre les murs qui séparent les chapelles de cette partie de l'église, toutes les colonnes isolées, ou plutôt ce qu'on appelle *boudins*, retentissent comme une cloche quand on les frappe de la phalange extérieure des doigts, ou d'une clef. C'est pour cette raison qu'on les nomme colonnes sonnantes. Il en est sur-tout un, appelé par excellence *le pilier sonore*, qui étonne par l'intensité du son que la moindre percussion lui fait rendre. C'est celui qui

---

(13) *L'abaque* est la partie supérieure ou le couronnement du chapiteau d'une colonne.

se trouve entre la chapelle de St. Jacques et celle de St. François d'Assise.

2°. En se plaçant au commencement du bas-côté droit, près du premier pilier, et en dirigeant diagonalement sa vue à travers les piliers de l'église, on apperçoit la statue de Notre-Dame de Pitié ou des Sept-Douleurs, qui repose sur l'autel de sa chapelle située au-dessus de celle de St. Jean-Baptiste, dans le côté gauche extérieur du chœur.

En se portant au bas-côté gauche, et en dirigeant également sa vue à travers les piliers, on apperçoit la statue de St. Charles-Borromée, placée sur l'autel de la chapelle située au-dessus de celle de St. Pierre et de St. Paul, qui fait pendant à celle de N. D. de Pitié.

Il faut pour ainsi dire toucher avec sa tête le premier pilier pour jouir de ce charmant spectacle. Ce point de vue prouve que les piliers n'ont pas varié sur leurs bases.

SECTION II.

Galeries intérieures.

Au-dessus des vitres regne une galerie ornée de petites colonnes en faisceaux, délicatement travaillées et d'une seule pierre.

Tout autour de la nef et du chœur se trouve une galerie intérieure, qu'on peut parcourir sans être arrêté par aucun obstacle, ni intimidé par la crainte d'aucun danger.

C'est dans cette galerie qu'existe le lien de fer dont j'ai parlé, qui lie entr'eux tous les piliers de la nef et de la grande croisée. Ce lien est sous les pieds. On y voit aussi la colonne tournante en bois, qui a servi de modèle et d'échantillon pour les colonnes en pierres qui forment les fenêtres de cette galerie. On pourrait, au besoin, et lors d'une grande cérémonie, y placer sans danger un grand nombre de spectateurs : l'effet en serait très-pittoresque.

Le poids des murs qui se trouvent dans cette galerie, est soulagé par des décharges pratiquées dans le massif même de ces murs; elles sont de pierres taillées en forme de coin, et disposées en voûtes, tandis que le chœur et la croisée, étant moins exposés aux vents, sont éclairés par des vitrages pratiqués dans l'épaisseur des murs,

SECTION III.

Voûtes et nef.

C'est l'Évêque Arnoult qui fit achever les grandes voûtes, ainsi que celles des bas-côtés.

Ces voûtes sont plus hautes que le demi-cercle parfait; en cela elles ont plus de solidité, et paraissent plus dégagées. Les ceintres de ces voûtes d'ogives, faites de deux lignes courbes égales, et formant les arcs en ligne diagonale, s'entrecoupent en un point au sommet. Les pierres qui en forment les clefs sont percées à jour, et ce vide semble rempli de vases et de ventouses de cuivre qui, en augmentant la répercussion de la voix, forment l'écho. On appelle *pastouraux* les cordons de ces voûtes, parce que les pierres blanches dont ils sont composés, furent taillées par des bergers de la campagne.

Cette église présente, sur 126 piliers très-minces et très-élégans, une voûte immense qui monte jusqu'aux

nues. L'observateur étonné peut à peine croire à son
existence : elle lui paraît être plutôt l'ouvrage de la féerie
que de la main des hommes. Cette nef passe, à juste
titre, en Europe, pour une merveille. On dit par-tout,
et depuis long-tems, que, pour faire une église parfaite
dans son architecture, il faudrait pouvoir réunir en un
seul corps, le portail de Reims, la nef d'Amiens, le
chœur de Beauvais et les clochers de Chartres. On pourrait y ajouter maintenant le magnifique dôme de l'église
de Ste. Généviève de Paris. Ce beau chef-d'œuvre de
l'architecte Soufflot, si contrarié dans le tems pour sa
construction, par la mesquine parcimonie d'un gouvernement agioteur, vient d'être rendu à sa destination primitive par la philosophie politique et religieuse de l'Empereur Napoléon-le-Grand.

SECTION IV.

Vitrages.

La partie dont je vais parler, n'est pas la moins intéressante de cette superbe basilique. Il paraît qu'originairement toutes les croisées par où la lumière pénètre dans
l'intérieur du temple, étaient garnies de verres coloriés,
représentant de saints personnages et des allégories mys-
tiques. L'inspection de ceux qui ont survécu aux outrages
du tems, fait vivement regretter ceux qu'il a fait dispa-
raitre. L'éclat de la lumière, affaibli par ce verre, devait
répandre dans son enceinte, ce clair-obscur, ce demi-
jour qu'on aime à rencontrer dans les édifices consacrés
à la Divinité, et provoquer ce charme à la fois religieux
et mélancolique, qu'on éprouve avec délices lorsqu'en présence de l'Éternel et dans son temple, on vient méditer

sur les vanités du monde, la brièveté de la vie et l'abyme
de l'éternité. Il me semble que la variété des verres peints et
la sombre obscurité des couleurs dont ils sont empreints, devaient rendre les églises plus vénérables. Les verres blancs
qu'on leur a substitués dans celle d'Amiens lui donnent,
selon moi, une apparence de gaieté qui convient peu à la
gravité de l'édifice. Une clarté trop vive, trop réfléchie,
éblouit, distrait, fatigue plus qu'elle n'intéresse. Rien ne
choque et ne forme contre-sens comme de voir une église
resplendissante de cierges allumés en plein jour. L'usage
des cierges et des candelabres naquit naturellement de
la sainte obscurité des églises, et de la nécessité où se
trouvèrent les premiers Pasteurs et les premiers Fidèles,
de ne se réunir que la nuit et dans des cryptes souter-
raines, pour y adorer en silence le Dieu des Chrétiens,
dont de fanatiques Empereurs proscrivaient le nouveau
culte.

Aussi n'est-ce pas sans raison qu'on blâma le Chapitre
de l'Église métropolitaine de Paris, qui, peu sensible à
cette impression mélancolique que produit l'obscurité des
lieux saints, fit blanchir les murs de son église pour
mieux éclairer les tableaux qu'on suspendit aux piliers
de la nef.

Le Chapitre cathédral d'Amiens fit la même faute
dans l'été de 1771. Tout l'intérieur de son église fut
reblanchi par ses ordres, moyennant 6000 francs. Ce fut
un Milanais, nommé Dominique Barony, qui s'en
chargea.

Le secret pour colorier le verre en fusion paraît s'être
irrévocablement perdu. La chimie n'a fait, jusqu'à présent, que de vains efforts pour le ressusciter parmi nous.

Il a donc fallu réparer, avec du verre blanc, les dégradations survenues aux différens panneaux des croisées. Quelques-unes même ayant été renversées par des coups de
vent, et s'étant brisées dans leur chûte, on s'est vu con-
traint de les refaire à neuf, et en verre ordinaire. On a seulement mis les bandes latérales en vieux verres de couleur,
la plupart placés sans goût et sans ordonnance. Il en est
résulté une bigarrure fort désagréable. Telle histoire jadis
bien caractérisée, n'est plus maintenant reconnaissable.
Des verres blancs remplissent, dans quelques croisées, des
lacunes considérables, et forment un contraste très-cho-
quant.

J'ai déjà dit que ces vitrages, nommés par d'autres,
vitraux ou verrières, sont au nombre de quarante-un, non
compris ceux des bas-côtés et de la galerie qui entoure
le sanctuaire. Ils ont tous 15 mèt. 59 cent. (48 pieds) de
haut. Les inscriptions qui restent encore au bas des 14,
15, 18, 20, 28 et 29e, en commençant par la grande porte
sous l'orgue, à gauche, indiquent qu'ils ont été donnés
par les doyennés de Poix, de Conty, de Grandvillers, de
Doullens, d'Abbeville et de Saint-Riquier. Les autres paraissent avoir été donnés par la ville d'Amiens, par quelques corps de métiers, par des particuliers, Chanoines et
principaux habitans.

Les trois principales vitres du milieu du chœur, au-
dessus du maître autel, ont été données par l'Évêque
Bernard d'Abbeville, en 1269. On lit encore sur celle du
milieu : *Bernardus me dedit anno M. CC. LXIX.*

Le plus grand nombre des autres vitres du chœur
provient des libéralités de l'Hôtel-de-Ville d'Amiens;
témoin les *têtes* dont se composait autrefois le sceau
de

de cette cité, appelé le sceau des *Marmousets* (14).

_____

(14) Il ne m'a pas été possible de découvrir la véritable origine
du nom de *marmouset*. L'explication qu'en donnent Ménage et d'autres étymologistes, n'est rien moins que satisfaisante. On peut
cependant affirmer que ce mot est un diminutif de *marmot*, et qu'il
signifie, en général, une figure grotesque ou mal faite, telles que
ces têtes en forme de plaque qu'on met aux marteaux des portes,
aux fontaines, à des chenêts, etc. On appelle même vulgairement
en Picardie et en d'autres lieux, *marmouset*, une espèce de chenêts de fonte, sur lesquels on voit ordinairement une tête ou figure.
Il y a lieu de croire que c'est par allusion à cette ressemblance que
le peuple d'Amiens a ainsi appelé le sceau de sa ville, sur lequel
étaient empreintes et figurées les têtes isolées des Pairs et Mayeurs
de la commune. La ville de Doullens en avait un semblable, sur
lequel, dans un grand cercle, se trouvaient les douze têtes des Pairs
de la ville, placées sur cinq lignes; savoir, deux fois trois, et trois
fois deux, avec cette légende :

> *Hi sunt duodeni,*
> *Nam bis terni,*
> *Terque bini,*
> *Pares Dullendini.*

M. Levrier possède un scel en cire, du douzième siècle, très-bien
conservé de la ville de Meulan, sur lequel on voit également douze
têtes placées à-peu-près dans le même ordre que celles de l'ancien
sceau de Doullens.

Une délibération du Corps-de-ville d'Amiens, en date du 9 septembre 1460, consignée dans le huitième registre, ordonna que son
sceau serait regravé. En voici la teneur :

« Pour ce que le scel aux armes de la ville, le contre-scel et le
» signel sont mout usés et diminués, et les empreintes bien plates
» et quant on en scèle les sceaux ne sont point fort empraintés et
» percent pou, MM. ont ordonné qu'ils feront refaire et regraver
» lesdits sceaulx tous nœufs par bons ouvriers orfevres, et seront

K

Le premier vitrage à gauche, dans la nef, fut donné en 1297. On y lit en lettres gothiques : *Diens Malherbe che fist faire. Es Thumas Reniu. Es Egerares de St. Fuscien.* Les armes de ces donateurs se voient sur les trois suivans.

Le cinquième, du même côté, fut donné par *Willaume Ly Ours,* dont on y voit les armes parlantes.

Les sixième et septième, sont des présens des Mayeurs et des waidiers ; c'est-à-dire des teinturiers d'Amiens.

Les onzième et douzième, dans la grande croisée, furent donnés par *Raoul de Fossetis,* Archidiacre d'Amiens ou de Ponthieu.

Le treizième représente des personnages tenant un sac

» d'argent comme ils sont ; mais ils les feront refaire un pou plus
» grans qu'ils ne sont ; car en telle cité qu'est la ville d'Amiens il
» loist bien qu'il y ait seaulx notables grands larges et autentiques ;
» et y a c et xv ans passés que les dits sceaux furent fais et que on
» en a tousiours depuis scellé. »

L'ancien sceau de la ville était un rond, ayant pour centre une étoile, des rayons de laquelle partaient de petites têtes au nombre de six qu'on nommait *marmousets.* Il y avait autour pour légende : *Sigillum civium Ambianensium.* Le contre-scel était une fleur de lys avec cette inscription : *Sigillum secretum mihi.* Ces armes furent remplacées sous Louis XI, à l'occasion du retrait de la ville d'Amiens des mains du Duc de Bourgogne, par l'écusson que l'on voit encore aujourd'hui sur plusieurs monumens ; savoir, un lierre qui entoure une tige de lys, avec cette devise : *Liliis tenaci vimine jungor,* pour marquer que désormais la ville d'Amiens serait inséparablement attachée à la couronne de France, comme ce lierre au lys.

Le sceau le plus ancien de la ville d'Amiens se composait d'un écusson, qui était de Vermandois, échiqueté d'or et d'azur de vingt-cinq pièces ; tel que cela se voit encore à deux vitres du chœur de la Cathédrale.

rempli de marchandises bleues, et d'autres qui remuent de l'argent; ce qui fait croire que des teinturiers, marchands ou banquiers en ont fait les frais.

Un autre fut donné par Charles de la Tour, Chanoine et Pénitencier en 1551.

Terminons ce paragraphe par les deux vitraux ou rosettes qui sont au-dessus des deux bas-côtés de l'église, l'un à droite sur le portail de St. Firmin, et l'autre à gauche sur celui de la Mère de Dieu. Rien, dans la seconde, n'annonce une intention marquée dans le vitrier qui l'a construite, ou, pour parler avec plus d'exactitude, rien ne peut la signaler actuellement. Elle paraît avoir souffert plus que les grandes roses, de l'action des vents et de la pluie. On s'est servi, pour la réparer, de verres coloriés provenant d'autres croisées : l'ouvrier les a placés sans goût et sans discernement. On y remarque même des lettres du 13e. siècle, placées dans un sens inverse, de manière qu'on ne peut plus lire la légende placée, lors de la construction primitive, aux deux côtés inférieurs de cette rosette. Les seules lettres qu'on peut encore distinguer dans l'autre, forment le mot *calegi*, sorti de la basse latinité, *calegia*, qui signifie *collecte* ou *quête ;* ce qui indiquerait que cette petite rose a été faite du produit d'oblations pieuses.

Section V.

Roses.

Nous voici à la partie la plus brillante et la mieux conservée des vitraux de l'église. Leur forme circulaire, la richesse aussi bien que l'éclat et la variété des couleurs qui ont été fixées sur les verres par cet art qu'on cherche envain à faire renaître, les ont, à juste titre, fait appeler *roses*.

On entend par *rose*, en terme d'architecture, un grand vitrail rond, placé dans une église à la gothique, avec croisillons et nervures de pierres qui forment un compartiment en manière de *rose*.

Elles ont près de 32 mèt. 48 cent., c'est-à-dire 100 pieds de circonférence.

Pour jouir d'un spectacle ravissant, il faut se placer sous la grande croisée, le dos tourné vers la grille qui introduit dans le chœur. C'est de cet endroit qu'on peut découvrir à-la-fois les trois roses, savoir, celle en face, au-dessus de l'orgue, et celles de droite et de gauche, qui éclairent la croisée. On ne sait ce qu'on doit admirer le plus, ou des vitrages en eux-mêmes, ou de la partie architecturale qui les renferme. Ceux qui ont construit ces trois roses, paraissent y avoir spécialement attaché l'immortalité de leurs noms.

Elles ont chacune des croisillons et des nervures de pierres, dont les interstices sont garnis de verres admirablement coloriés.

Ces roses sont connues par trois dénominations différentes.

Celle qui est en face, au-dessus des grandes orgues, et dont l'horloge occupe le diamètre, se nomme *la rose de mer*, probablement à cause de sa position à l'ouest, ou de Saint-Valery : elle est divisée en seize compartimens portant chacun une feuille de vitres ; on y remarque plusieurs sortes de fleurs et des têtes de coqs crêtés et becqués, dont le plumage est peint de différentes couleurs. J'ai dit ailleurs que cette rose fut donnée, en 1241, par Jean de Cocquerel, ancien Mayeur d'Amiens, et que ces coqs qu'on apperçoit au centre, sont ses armes parlantes. On a voulu lui faire représenter la terre et l'air.

Celle à main gauche, dans la croisée, porte le nom de *rose du midi* ou *du ciel*. La couleur rouge est dominante; ce qui indique qu'on a voulu lui faire représenter le feu. Elle a vingt-quatre feuilles. On distingue plusieurs Évêques dans la galerie qui est au-dessous.

La plus admirable de toutes est la rose à droite, du côté de l'Évêché : elle porte le nom de *rose du nord* ou *des vents;* elle a trente-deux feuilles : une étoile d'architecture, à cinq rayons, tient le milieu : des Anges prosternés en regardent le centre. On y voit des figures de Rois et d'Évêques; divers poissons et coquillages de mer. Cette rose représente l'eau. Les trois roses comprennent donc ce qu'on a appelé jusqu'à nous *les quatre élémens.*

C'est sur-tout lorsque les rayons du soleil, dans un jour pur et serein, frappent perpendiculairement ou obliquement sur ces roses, qu'on a du plaisir à les contempler, soit au-dedans, soit hors de l'Église. Elles font l'effet d'un grand prisme. Le coup-d'œil est plus agréable lorsqu'on peut en jouir à un ou deux milles de distance. Le voyageur a souvent arrêté ses pas pour se donner le charme d'un aussi magnifique spectacle. La position élevée de l'église le renouvelle souvent pour les personnes qui habitent la campagne dans un rayon de deux myriamètres : on croit alors voir une masse de feu, dont les couleurs vives et variées réjouissent la vue, sans mélange de crainte et de tristesse. L'Empereur Napoléon, celui que les peuples du nord ont appelé, depuis ses victoires, *l'homme du destin*, parut les remarquer avec plaisir dans la visite qu'il fit à la Cathédrale, comme Premier Consul, le 28 juin 1803 (9 messidor an 11).

Ces trois *roses* égalent presqu'en beauté celles de l'église de S. Denis en France, qu'on a regardées jusqu'ici comme les plus beaux vitraux de cette espèce.

SECTION VI.

Chaire.

La chaire de cette église, dernier enfant de la vieillesse plus qu'octogénaire de M. Dupuis, est regardée comme un chef-d'œuvre. On la place au rang des plus beaux ouvrages en ce genre qu'il y ait en France. Les trois statues colossales qui la supportent, et qui représentent les trois vertus théologales, sont d'une très-belle expression : les attitudes en sont moëlleuses; elles sont parfaitement bien drapées et finement exécutées. S'il m'était permis de dire mon avis, je les trouve trop massives. Le bel Ange qui est en haut, tient un livre d'Évangile ouvert, sur lequel on lit ces paroles en lettres d'or : *Hoc fac et vives* (*faites ceci, et vous vivrez.*)

M. de la Mothe, dont l'esprit vif et original s'est souvent distingué par des plaisanteries fines et piquantes, disait, en parlant de cette inscription, que le menuisier qui s'était fait payer 36,000 l. pour la façon de la chaire, devait la prendre pour devise ; car il n'aurait fallu que quelques entreprises de ce genre, et aussi chèrement payées, pour faire fortune, et gagner en peu de tems de quoi vivre. *Hoc fac et vives.*

Cette chaire fut dorée en 1774 par le sieur Coquelet, de Paris, et son associé Bourgoin. M. de la Mothe en a fait les frais : il est le premier qui y ait annoncé la parole de Dieu : ce fut en 1773, à l'occasion d'une mission dont ce Prélat fit l'ouverture.

L'ancienne chaire avait été donnée par Ant. Postel, natif d'Amiens, Docteur, maître du Puy et Prieur des Dominicains. Ce fut lui qui y prêcha le premier.

N. Morus, frère du Chancelier d'Angleterre, a prêché, en 1575, le premier carême, dans l'Église cathédrale.

Section VII.

Pavé.

Le pavé de cette Cathédrale, c'est-à-dire celui de la nef et des bas-côtés, n'a, en général, rien d'extraordinaire. Il est fait en pierres de Senlis bleues et blanches, et maintenant fort mal jointes. L'humidité s'y fait presque toujours sentir : dans son état actuel, il ne répond pas à la dignité du temple. L'ancien Chapitre avait le projet de remplacer, par un beau marbre, ces pierres mesquines. L'opération devait se faire dans l'année même où toutes les corporations religieuses furent supprimées : les Chanoines avaient déjà en caisse une somme de 80,000 fr. qui avait cette destination. On doit regretter que cette entreprise n'ait pas eu lieu plutôt. Rien n'annonce qu'elle puisse désormais s'effectuer.

On remarque par toute l'église que, d'un pilier à l'autre, il règne une plate-bande de pavés blancs, sous lesquels sont des murailles épaisses qui poussent et serrent tous les piliers, pour empêcher qu'ils ne s'écroulent ou s'évasent.

On apperçoit par-ci par-là quelques tombes de Chanoines et quelques épitaphes insignifiantes. Depuis longtems on a substitué un petit carreau aux grandes pierres sépulchrales qui couvraient une partie de sa surface.

Un peu au-dessus de la chaire sont déposés les restes de M. Paul *Lendormy*, Chanoine théologal de la Cathédrale. Une délibération capitulaire, du mois d'août 1769, lui a valu cette distinction honorable, pour attester aux siècles futurs que cet orateur chrétien avait fait souvent briller la chaire de son éloquence. On lit son épitaphe sur un quarré en losange de marbre blanc. Il est mort le 15 juin 1769.

Un peu au-dessous de la chaire, presqu'au milieu de la nef, et très-près de la bande en pierres bleues qui règne tout le long du pavé, on lit l'épitaphe modeste de Fr. Masclef, natif d'Amiens, d'abord Curé de Raincheval, à deux myriamètres et demi de cette ville ; ensuite nommé Chanoine par l'Évêque Feydeau de Brou, dont il fut le théologien, et qu'il constitua Supérieur de son Séminaire. Cette épitaphe se compose de ces seuls mots : *Propitius esto Domine Francisco Masclef. Pr. Can. Am. ob.* 1728. *æt.* 63. Il était très-versé dans la connaissance des langues orientales. Sa mort arriva le 14 novembre 1728, à l'âge de 63 ans.

Ceux qui voudront plus de détails sur cet homme estimable, peuvent consulter le Dictionnaire historique, par une Société de gens de lettres, tom. 3, p. 112, édit. in-8°.

Pendant une longue suite d'années, les mains d'un ami ou d'une personne reconnaissante, ont constamment lavé sa pierre sépulchrale. Toutes les précautions qu'on a prises pour découvrir la personne et l'heure où elle remplissait ce pieux devoir, ont été infructueuses.

Une épitaphe encore très-curieuse est celle d'Hernandès Teillo de Porto-Carrero, ce Général Espagnol qui, le 11 mars 1597, surprit la ville d'Amiens, et fut tué d'un coup de mousquet le 4 septembre de la même année, pendant le siége que Henri-le-Grand en fit en personne. La pierre qui couvre son tombeau, se voit entre le dernier pilier de

la

la nef et le premier pilier du chœur, en montant par le bas-
côté droit, presqu'en face de la chapelle de Notre-Dame-
du-Puy.

L'épitaphe de ce Général est ainsi figurée sur la pierre
sépulchrale :

1597

H ✠ ⌶

W

J'ai ignoré long-tems ce que signifie le double W qu'on
voit au bas de l'épitaphe. Toutes mes recherches et toutes
mes questions avaient été superflues. Enfin M. Ledieu m'a
dit une chose très-probable, c'est que Hernand Teillo avait
été, et était peut-être encore à sa mort, Capitaine des
Gardes-Wallones au service de l'Espagne ; et qu'une
partie de ces troupes avait aidé à conquérir et à défendre
Amiens. Ce W signifie donc *Wallon*.

Le corps de ce Général fut primitivement déposé dans
le chœur ; mais par ordre de Henri IV, on le transféra
dans la nef.

En face de la grande grille du chœur, on voit l'épitaphe
de M. Edouard Cornet de Coupel, Chanoine dignitaire de
cette église, celui de tous qui a le plus contribué à l'embélissement de cette basilique. On prétend que cet homme
respectable y a consacré plus de cent mille écus. Il est
mort le 9 janvier 1786, à l'âge de 88 ans, emportant avec
lui l'estime publique.

Je parlerai plus bas du pavé en marbre, tant du sanctuaire que du chœur.

Un *labyrinthe* est, en général, un édifice ou un dessin, Labyrinthe.

L

soit en allées, verdure ou pierres, dont il est difficile de trouver l'issue. Ce genre appartient à l'architecture antique.

Les Anciens font mention de quatre fameux labyrinthes : 1°. Celui d'Égypte, dont Corneille a dit :

« Mille chemins divers avec tant d'artifice,
» Coupaient de tous côtés ce fameux édifice,
» Que qui, pour en sortir, croyant les éviter,
» Rentrait dans les sentiers qu'il venait de quitter. »

2°. Celui de l'île de Crète, construit par Dédale ; décrit par Ovide dans ses Métamorphoses, liv. VIII, v. 157; et par Virgile dans son Œnéide, liv. V, v. 589.

3°. Celui de l'île de Lemnos, décrit par Pline, liv. 36, ch. 13.

4°. Enfin celui d'Italie, bâti par Porsenna, Roi d'Étrurie, dont on ne pouvait trouver la sortie sans un peloton de fil.

Au centre de la nef on voit une espèce de labyrinthe tracé sur le pavé en pierres bleues et blanches. Il y avait autrefois, dans le milieu, une table de cuivre qui indiquait le lever du soleil, et sur laquelle on avait gravé la représentation de l'Évêque Évrard et les trois architectes de l'église. C'est autour de cette plaque qu'était également gravé, sur une lame du même métal, l'inscription que j'ai rapportée page 21. Ce compartiment est de forme octogone : il porte environ 41 mètres 57 centim. (128 pieds) de circonférence. J'ai mis cinq minutes pour le parcourir, en marchant successivement et d'un pas ordinaire sur tous les carreaux qui le composent.

Section VIII.

Orgues.

L'origine des orgues est aussi ancienne que le monde. Jubal, frère de Jabel, vivant avant le déluge, fut le père de ceux qui pincent de la harpe et qui touchent de l'orgue. (*Gen. ch.* 10, *v.* 21.)

Louez le Seigneur, dit le Prophête-Roi, ps. 150, sur le luth et l'orgue. « *In chordis et organo*, noms génériques qui désignent les instrumens à cordes et à vent. »

Le pape Vitalien, mort l'an 671, passe pour avoir introduit, le premier, l'usage des orgues dans l'Église.

Ce n'est qu'en 766 qu'on vit le premier jeu d'orgue en Occident : il fut envoyé par l'Empereur Copronyme à Pepin, Roi de France.

On dit que le premier orgue, en France, a été placé et entendu à Compiegne.

L'Empereur Louis Ier. passe pour en avoir généralisé l'usage dans l'Église vers le milieu du 9e. siècle.

Les grandes orgues de l'Église cathédrale d'Amiens, placées au-dessus des portes d'entrée, furent commencées au mois de mars 1422, sous l'Évêque Jean de Harcourt, et mises en état en 1429. Alphonse Lemire, valet-de-chambre du Roi Charles VI, Receveur des aides à Amiens, et Massine de Hainau, son épouse, en furent les donateurs. Le Chapitre reconnaissant leur accorda, dans son église, les honneurs de la sépulture, à côté de l'Évêque Évrard, où ils étaient représentés tenant les orgues à deux. On lisait sur une grande plaque de cuivre cette inscription gauloise.

Chi gittent dessous chette lame
Alphons Lemire, Dieux ayt l'ame
O lay * demoiselle Massine
De Hainau sa femme et affine,
Lequel Alphons fu né jadis
De Béthencourt en Beauvoisis.
Du Roy Charles le bien amé
De ce nom VIe nommé
Fu varlet de chanbre xx ans,
Et son recheveur par long-tems
Fu des aydes à Amiens,
Lesquels ont donné de leurs biens
Dont on a fait a leur enprise
Les grands orgos de ceste eglise
En lonneur du Souverain père
Et de la glorieuse mère.

* A côté.

Tous les ans, le jour de la St. Barthelemi, on chantait, à huit heures, la grande Messe dans le chœur pour le repos de leurs ames. Leurs descendans avaient le droit d'aller à l'offrande.

Cette plaque ou lame de cuivre, ainsi que celles qui couvraient les tombes des Évêques Advantage, Ferry de Beauvoir et autres, ont été enlevées lors de la spoliation des temples. Ne les regrettons pas, si, devenues parties intégrantes d'un canon ou d'un obus, elles ont contribué pour leur part à détruire et à repousser les ennemis qui, peu généreux et encore moins prévoyans, voulaient profiter de nos troubles et de nos malheurs pour envahir et bouleverser notre territoire.

Les gros tuyaux de la montre des grandes orgues de notre Cathédrale, qu'on dit être d'étain fin d'Angleterre, ont 8 mèt. 12 cent. (25 pieds) de hauteur, et 49 cent.

(18 pouc.) de diamètre. L'on y remarque plusieurs jeux qui sont d'un bon effet, tels que les cornets et les flûtes. M. Dallery, d'Amiens, facteur d'orgue fort estimé dans son tems, les refondit et les augmenta de plusieurs jeux en 1620 : il y joignit un positif qui fut achevé en 1622. Cette dépense fut de 3600 liv. On y fit encore une augmentation et des réparations considérables en 1768.

Le Chapitre avait l'intention de renouveler en entier ces orgues, ainsi que la boiserie et la charpente. Il y avait déjà eu des pourparlers à cet égard avec le plus célèbre facteur de Paris, et on avait voté une somme de cinquante mille écus. La révolution n'a pas permis l'exécution de ce projet.

Grace aux soins et au zèle estimable de M. Cornette, organiste de cette église, et l'un de nos meilleurs musiciens, ces orgues, telles qu'elles sont, ont été bien conservées pendant nos troubles religieux et civils.

Les connaisseurs regardent la tribune qui soutient ces orgues comme très-hardie.

Indépendamment de ces grandes orgues, il y en a de petites, placées au-dessus de la chapelle de St. Quentin, dans le bas-côté gauche du chœur : elles furent données en 1527 par Pierre Vualet, chapelain et distributeur du Chapitre. Ces petites orgues ont été remplacées par un positif en 1783.

C'est un Chanoine de Vendôme, nommé Pierre Boulet, qui a été le premier organiste dans l'Église cathédrale d'Amiens.

Au-dessus de l'orgue, et dans la circonférence de la rose, on voit l'admirable cadran de l'horloge. J'en ai donné les proportions, pag. 25.

M. Leyrier, ancien magistrat et correspondant de l'Académie royale des inscriptions et belles-lettres, vint se fixer à Amiens au commencement de l'année 1792. Voulant continuer sa correspondance littéraire avec le savant Millin qui travaillait alors à la collection des *Antiquités nationales*, il lui fit passer, entr'autres dessins, celui des orgues de la Cathédrale et de ses donateurs, représentés sur une tombe de cuivre; ceux des deux tombes des Évêques Évrard et Gaudefroy, du Chanoine Lucas avec le petit pleureur, etc. Plusieurs de ces dessins ont été gravés, et les épreuves envoyées à M. Levrier, chez qui j'en ai vu quelques-uns; mais à l'exception du portail de l'ancienne Collégiale de St. Nicolas, aucun n'a été mis en vente. Il est fâcheux que M. Levrier n'ait pas pu continuer de faire lever le dessin des autres parties de la Cathédrale, tels que le portail et les roses. Mais M. Millin suspendit alors son entreprise. Les planches et les dessins sont passés entre les mains du sieur Mérigot, libraire, à Paris, quai des Augustins, devenu propriétaire du fonds de l'ouvrage des Antiquités nationales. Il est à desirer que M. Millin puisse le reprendre.

Section I X.

Chapelles et monumens.

Dans le premier devis de l'édifice qui nous occupe, il n'y avait point de chapelles dans la nef : on les ajouta quelque tems après. Il est difficile d'indiquer au juste en quelles années elles ont été achevées. Les ailes des nefs collatérales étaient fermées par des murailles et des vitraux, qui disparurent plus tard pour former les voûtes des chapelles.

On compte six chapelles dans chaque bas-côté de la

nef; ce qui fait, d'une part . . . . 12.

La grande croisée de l'église en contient. . . . . 2.

Il y en a autour du chœur. . . . . 11.

Total. . . . . 25.

Ces chapelles ont de largeur collatérale 8 m. 77 cent. (27 pieds) : elles portent 6 mèt. 82 cent. (21 pieds).

Les grilles qui les défendent, étaient jadis toutes en bois ; on les a peu à peu converties en grilles de fer, dont quelques-unes sont en partie dorées.

Origine des chapelles.

L'origine des premières chapelles de cette église est trop curieuse pour ne pas la consigner dans cet écrit : elle attestera quelle était alors la puissance des Évêques, et le respect qu'on portait à leurs décisions.

En 1244, sous le règne de St. Louis, Geoffroi de *Milly*, grand Bailli d'Amiens (15), fit pendre injustement et sans forme de procès, dans cette ville, cinq clercs ou écoliers. Un sixième, arrêté en même tems, mourut dans la prison du Beffroi la nuit même qui suivit leur arrestation, par suite des mauvais traitemens et des blessures qu'il avait reçus.

C'est ici le cas de demander la cause ou le prétexte du supplice de ces jeunes gens.

Je n'ai pu découvrir que deux traditions : l'une des deux est certainement véritable.

La première veut que ces six écoliers, se promenant ensemble dans le bois d'Étouvy, qui forme le point de vue de la grande allée du Cours ou de la Hautoye, aient

---

(15) Quelques personnes et quelques titres le nomment *Meilly*; mais Ducange, dont l'opinion est si respectable, le nomme *Milly*.

insulté ou voulu insulter la fille du Bailli qu'ils y rencontrèrent. La seconde, qui est la plus générale et la plus
vraisemblable, porte que ces jeunes gens surprirent cette
jeune demoiselle à la merci de son amant. Craignant les
suites de leur indiscrétion, la jeune personne jugea, dans
sa petite prudence, qu'il était convenable de les dévan-
cer. Elle prit donc l'affreux parti de les dénoncer de suite
à son père, comme coupables de violences à son égard.
Quoi qu'il en soit, le grand Bailli cédant à la colère ou
à la prudente nécessité de cacher le déshonnéur de sa
fille, fit arrêter le même jour, et périr le lendemain par
le gibet, ceux qui avaient eu le malheur d'en être les
auteurs ou les témoins.

L'Évêque Arnoult, indigné de l'abus de pouvoir du
grand Bailli, et voulant maintenir sa jurisdiction sur les
clercs de son diocèse, le condamna, après une instruction préliminaire, aux peines portées dans la sentence
suivante, extraite des registres de l'Évêché d'Amiens (16).

✠ *Au nom du Père, du Fils et du Saint-Esprit.*
Amen.

Arnoult, par la grace de Dieu, Évêque d'Amiens, à
tous ceux qui ces présentes lettres verront, salut en notre
Sauveur (17).

« Sachent tous comme Geoffroy de Milly, ait confessé
» par devant nous, que le samedi ensuivant la fête de

---

(16) La traduction de cette sentence, écrite en latin, me paraît
être du quinzième ou seizième siècle.

(17) Cet Évêque Arnoult, natif d'Amiens, successeur de Gaudefroy, était fils du prémier lit d'Élisabeth La Pierre, qui épousa en
secondes nôces Roger de Fournival, Médecin des Rois Louis VIII
et Louis IX.

» St.

» St. Martin d'été, icelui Geoffroy, lors Bailli d'Amiens,
» ayant en ses mains cinq clercs que les sergens avaient
» pris la sixième férie précédente, il les fit détenir en pri-
» son ; puis les fit mener vilainement et cruellement au
» travers de la ville, et iceux fit pendre et étrangler com-
» bien qu'ils n'en eussent confessé ni atteints du fait à
» eux imposé, et ores que autrement fut ; si ce n'estoit
» peu contre eux donné telle sentence définitive comme
» Juge incompétent, et que le dit Geoffroy eut promis
» d'obéir à notre édit et ordonnance, et de bailler cau-
» tion de Adam son fils, Vallois son gendre, Evrard son
» beau-frère, Robert de Bestisy, Raoul de Bestisy, et
» Hurald d'Etaples ; de sorte qu'à faute par lui d'y obéir,
» les dites cautions en chacune d'icelles y seroient te-
» nues, et ne délaisseroient d'y satisfaire, et le dit Geof-
» froy de fournir par exprès notre commandement, si
» appréhendé estoit, et sur celui auroit esté assigné pour
» estre entendu par devant nous au lendemain du jour
» de la feste St. André, lequel pour le cas et faits dessus
» dicts, avons comdamné et même comdamnons à peines
» tels que samedi prochain, après une heure de relevée
» et avant que Vespres se chantent, estre *nuds pieds,*
» *nuds bras, la hart au col, et les mains liées par der-*
» *rière le dos, comme il est accoutumé de lier les larrons*
» *que l'on mène au gibet,* sera mené en tel état du lieu
» dit la Malmaison (18) aux fourches patibulaires, et

(18) C'est le lieu où l'ancien Baillage d'Amiens tenait ses séances, avant qu'on eût transféré les tribunaux à la ci-devant maison
des Célestins. La Malmaison est maintenant convertie en école
communale de dessin, sous la direction de M. Chantriaux. La Malmaison, destinée à renfermer les prisonniers, fut, dit-on, ainsi

M.

» après s'être un peu reposé au dit gibet, retournera par
» l'église St. Montan (19) estant sur le même chemin ;
» auquel lieu, ayant les mains déliées, lui sera baillé l'un
» des corps des dits cinq clercs avec un suaire de fin lin,
» lequel corps icelui Geoffroi sera tenu apporter du dit
» lieu sur ses épaules en la *maîtresse église* solemnelle-
» ment et dévotement, et ensuite de le porter au cime-
» tière près St. Denis ; semblablement aux quatre jours
» prochains après ensuivant, à porter les quatre autres
» comme le premier ; ce fait, sera tenu tant en l'église de
» Rheims qu'autres églises de la province du dit Rheims,
» et aux églises de Rouen, Sens, Paris et Orléans au dit
» estat, à savoir ; nuds pieds, nuds bras, la hart au col,
» et les mains liées par derrière le dos, assister aux pro-
» cessions solemnelles qui y seront faites un jour de di-
» manche ou feste, sans avoir aux dites processions,
» choses à l'entour de lui qui le puisse empêcher d'estre
» vu et connu en l'estat susdit pour l'énormité du fait,
» et en chacune procession sera faite lecture de la pré-
» sente comdamnation, et jurera le dit Geoffroi que ja-
» mais ne tiendra estat et offices qui emportent juris-
» diction. Il jurera en oustre d'accomplir dans le tems
» prescrit tout ce qui par nous est ordonné, et de nous

---

nommée, par un des détenus. Ce mot signifie mauvaise maison,
mala domus. Une chose assez remarquable, c'est que Joseph Le-
bon, la terreur et le bourreau du nord de la France, est le dernier
criminel qui y ait été condamné à mort : il fut guillotiné sur le
marché aux Herbes, le vendredi 24 vendemiaire an IV, à trois
heures moins un quart.

(19) Elle était placée pour lors rue de Ville, paroisse St. Sul-
pice, où se voient encore des prisons et une partie de l'ancien Hôtel-de-Ville. C'est le plus ancien bâtiment d'Amiens.

» apporter lettres patentes des Chapitres des dites églises
» et scellées de leur sceau, qui attestent qu'il s'est sou-
» mis aux peines à lui infligées, et qu'il a assisté aux
» processions après Pâques. Mais attendu que si énorme
» fait ne peut si-tôt s'abolir qu'il n'en demeure quelque
» mémoire, et afin que d'autres ne présument en faire
» de semblables ou pires, ordonnons que cinq bassins
» d'argent, chacun du poids de cinq marcs, seront fa-
» briqués et faits aux dépens d'icelui Geoffroi, de la va-
» leur de soixante-cinq livres parisis, où il y aura cinq
» cierges de chacun trois livres de cire, qui brûleront
» perpétuellement devant les châsses et corps saints de
» la dite église Notre Dame d'Amiens, et y aura revenu
» compétent assigné pour l'entretènement d'iceux cierges
» à perpétuité ; de sorte que les dits bassins et fonda-
» tions des cierges soient faits et fournis le lendemain
» de la Pentecôte ; enfin que le jour ensuivant la fête
» de la Nativité de monsieur St. Jean-Baptiste, icelui
» Geoffroy entreprendra le voyage de la Terre-Sainte
» au sépulchre de Notre-Seigneur en Jérusalem, et ne
» pourra retourner en ceste ville qu'après les dites
» choses accomplies, ni sans le consentement, ordon-
» nance et volonté de nous et du Chapitre de la dite
» église Notre Dame d'Amiens, et ordonnons ce vouloir
» les points et articles sus-dits en chacun d'iceux estre
» fournis et accomplis. Fait et prononcé le dit jour du
» lendemain d'icelle feste de St. André, l'an 1244. »

Disons, à la louange des tems anciens, que le Bailli
subit, avec une exemplaire résignation, les peines pro-
noncées contre lui par cette singulière sentence.

L'Évêque Arnoult ne borna pas là son ressentiment.
La terrible sentence contre Geoffroy de Milly fut suivie

d'une autre sentence arbitrale contre les Mayeur et Échevins d'Amiens, qui avaient consenti et favorisé l'arrestation et le supplice de ces cinq clercs. En voici la
teneur :

« G. Doyen, H. Prévôt, R. Archidiacre, Me. de Ni-
» velles, Chanoine d'Amiens ; Firmin Leroux, Mathieu
» de Croy et Jean de Coquerel, citoyens de la ville d'A-
» miens, à tous ceux qui ces présentes lettres verront,
» salut.

» Sachent tous que M. Mathieu le Mongnier, Mayeur
» d'Amiens, a juré et promis au révérend père en Dieu
» monsieur l'Évêque d'Amiens, le Chapitre et nous pré-
» sens, au nom de toute la cité, l'amende envers Dieu
» et l'Église, qui sera arbitrée par nous tous ou du moins
« par le plus grand nombre, pour l'énorme fait préalégué
» dont auroient chargé et trouvé coupable Frémin Gou-
» viéré, Prévôt du Roi au dit Amiens, lequel, la sixième
» férie d'après la feste de la St. Martin d'été dernier passé,
» avec ses sergens et ministres, avoit pris avec grande
» violence et énormes injures, et mené au Beffroi d'A-
» miens six clercs ou écoliers, l'un desquels fut si grié-
» vement navré (blessé) qu'il en mourut en prison la
» même nuit, et le lendemain les cinq autres furent pris
» par lui et emmenés des dites prisons du Beffroi au lieu
» patibulaire où ils furent pendus et étranglés ; chose si
» violemment faite et traitée, qu'il n'est mémoire de
» semblables, quelques faux larrons que ce fussent estés ;
» et quoique les dits Mayeur et citoyens disent n'avoir
» eu aucune part au supplice des dits écoliers, néanmoins
» le cas et exécution ne peut avoir esté faite et inspec-
» tée sans le compte des curens de la cité, ont les dits
» Mayeur et habitans, afin d'appaiser l'ire de Dieu, de

» tel méfait promis l'amende. A ces causes suivant l'offre
» faite par le dit prédit Mayeur, et d'après l'ordon-
» nance du révérend père en Dieu monsieur l'Évêque
» d'Amiens, avons accepté pour cautions présentées par
» le Mayeur lui-même, savoir : Frémin le Roux, Ma-
» thieu de Croy, Jean de Cocquerel et Frémin de Lor-
» chy, Nicolas Mougnier, Barthelemi Strabon, Raoul
» de Ypre, Milon Rapine, Willard Herault, Henri Gref-
» fin, Richard Ravin, lesquels ont promis par serment
» sur ce corporellement prêté au dit révérend père Ar-
» noult, sur la peine de mille marcs d'argent en amende,
» de tenir et entretenir notre ordonnance et arbitrage
» pour l'amende et réparation dudit fait ; pourquoi Nous,
» après diligente délibération sur ce fait, avons à l'hon-
» neur de Dieu et de l'Église, cordialement ordonné
» d'icelle amende en la manière qui s'en suit ; que le dit
» Mayeur, pour appaiser la majesté divine de telle offense,
» et réformer l'injure faite aux ministres de l'Église, il
» sera tenu instituer *six chapelles*, chacune de la valeur
» de vingt livres parisis, revenu annuelle, dont les deux
» premières seront instituées en dedans le jour de St.
» Remy premier venant, et les deux autres par dedans
» autres fêtes de St. Remy, et les deux autres à sem-
» blable jour de St. Remy suivant, et assigner les dits
» revenus sur le bien d'iceux. Si ordonnons que deux des
» dites chapelles seront instituées au cimetière de St.
» Denis, pour le salut et remède des dits écoliers et au-
» tres fidèles trespassés, et les quatre autres dans la grande
» Église de Notre Dame ; et après avoir entendu Mathieu,
» dit Madouillart, garde du Beffroi, accusé d'avoir été
» la cause et l'occasion du crime ci-dessus énoncé, disons
» et ordonnons qu'il sera privé de sa charge, de tout

» état, et de tout service du dit Échevinage à perpé-
» tuité ; de laquelle ordonnance ainsi cordialement par
» nous faite, les dits Évêque et Mayeur d'Amiens se sont
» condescendu ; et si a le dit Mayeur promis au dit sei-
» gneur Évêque, fournir les dits amendemens suivant la
» teneur de notre ordonnance. En témoins de quoi le
» seing et sceau des dits Évêque et Mayeur et de nous
» tous, ont esté mis ici et affichés. Fait à Amiens au
» palais épiscopal le huit de septembre 1244. »

En conséquence de cette ordonnance ou plutôt de cette
transaction, Bernard d'Abbeville, cet Évêque d'Amiens
qui a eu la gloire d'achever la construction et les embélissemens de l'Église cathédrale, reçut, en 1262, de
Nicole Le Bergnier, Mayeur de la ville, au nom des
Magistrats, mille marcs d'argent pour la fondation des
chapelles ci-dessus mentionnées. On posa sur la sépulture des jeunes clercs suppliciés par ordre du grand Bailli,
une pierre taillée en dos d'âne, marquée d'une croix trans-
versale avec la figure des écoliers, ayant les mains jointes
et le corps couvert d'une simple chemise. Ce monument
existe encore au cimetière de St. Denis, où ils furent
successivement apportés par Geoffroi de Milly, et enterrés. L'inscription n'est plus lisible.

Le texte latin de ces deux chartes, copié sur le cartulaire du Chapitre d'Amiens, se trouve en entier dans
l'Histoire de cette ville, par le P. Daire, t. Ier., p. 527.
Je me suis seulement permis de rectifier quelques erreurs,
et de rétablir quelques omissions sur la copie qui est entre
mes mains.

Je prie le lecteur d'observer que c'est pour sa commodité et pour ménager son tems, que je vais faire marcher ici de front la description des chapelles et des mo-

numens, parce que ceux-ci se trouvent presque tous soit dans l'intérieur, soit sur les côtés ou vis-à-vis des premières.

Pour me suivre, il faut se placer sous les grandes orgues, en face du chœur; diriger sa marche toujours à droite; longer les bas-côtés jusqu'à ce qu'on revienne au point de départ, après avoir parcouru toute l'enceinte latérale de l'église. Nous réserverons pour la fin, le chœur que nous examinerons ensuite, soit extérieurement, soit dans son intérieur.

Monumens.

Les deux premiers monumens qu'on apperçoit en entrant dans l'église par la porte du milieu, sont, de droite et de gauche, les deux tombes en cuivre des Évêques Évrard et Gaudefroi, fondateurs de cette basilique. Leurs tombeaux, originairement placés dans le milieu de la nef, furent transférés, en 1762, aux deux côtés du grand portail, où ils ne gênent ni le peuple ni les cérémonies.

La tombe à droite est celle d'Évrard, celui qui posa la première pierre de l'église et en commença la construction.

Cet Évêque est représenté avec ses habits pontificaux. A ses pieds sont deux dragons ou serpens avec des pieds. Deux clercs prosternés à ses côtés tiennent chacun un cierge allumé. Au-dessus, deux Anges, dans la même position, dirigent leurs encensoirs fumans vers le chef du Prélat. La tombe est supportée par six lions. On lit au tour, en lettres gothiques, l'inscription suivante en vers léonins (20), c'est-à-dire, qui riment au milieu et à la fin.

Qui populum pavit, qui fundamenta locavit
Hujus structuræ, cujus fuit urbs data curæ :
Hic redolens nardus, famâ requiescit Evrardus,
Vir pius afflictis, viduis tutela relictis.
Custos, quos poterat recreabat munere, verbis;
Mitibus agnus erat, timidis leo, lima superbis.

On doit remarquer ici que le tombeau d'Évrard est maçonné, pour indiquer que c'est lui qui a fait construire les premiers fondemens de l'église.

La tombe de Gaudefroi, placée à gauche, quoique moins ornée, repose sur les mêmes animaux que celle de son prédécesseur. Ce fut lui qui, pendant les quatorze années de son épiscopat, éleva les piliers et tout le reste de l'église jusqu'à la naissance des voûtes. Sa tombe n'est pas, comme l'autre, assise sur un massif de maçonnerie, ni tenant au sol, mais élevée à une certaine hauteur, pour désigner qu'il avait déjà trouvé l'édifice commencé : elle ne paraît pas avoir été fondue et moulée dans le même tems, ni par le même artiste que celle d'Évrard ; le style de l'ouvrage, la différence dans la forme des lettres de l'inscription, ainsi que celle des vers latins, annoncent d'autres mains et une autre plume.

---

(20) Scaliger a déclaré formellement dans sa Poétique, qu'il ne connaissait pas l'étymologie de ce mot : *Nominis causam ignoro.* Il paraît cependant que ces vers ont été ainsi nommés d'un certain *Leonius*, Chanoine régulier de St. Victor de Paris, qui en a été l'inventeur, et qui florissait en 1154. L'école de Salerne a consigné ses belles leçons d'Hygiène dans des vers semblables.

Cette

Cette inscription est ainsi conçue en vers léonins :

Ecce premunt humile Gaufridi *membra cubile ,*
Seu minus aut simile nobis parat omnibus ille ,
Quem laurus gemina decoraverat in medicinâ
Legeque divinâ , decuerunt cornua bina.
Clare vir Augensis , quo sedes Ambianensis
Crevit in immensis ; in cœlis auctus , amen , sis.

Ces deux tombes ne sont pas en cuivre plein. C'est au peu de matière qu'elles contiennent, qu'on doit l'avantage de les avoir conservées ; et sans les vives représentations de M. Levrier, lors Commissaire du Roi, elles auraient eu le sort des autres ouvrages en métal qui furent enlevés en 1793.

On peut remarquer qu'il manque deux doigts à la main droite de l'Évêque Gaudefroi, et que son anneau pastoral est placé sur la première phalange de l'index. J'ai ouï dire que ces deux doigts avaient été coupés par un hérétique, au moment où le Prélat célébrait la messe. D'autres veulent qu'il les ait perdus à la chasse , et citent en preuve un trou placé à côté, qu'ils disent avoir été fait par la balle qui le priva de ses deux doigts. Cette explication ne mérite aucune croyance. Le trou qui existe est le noyau de la fonte.

Presque tous les tombeaux des 12 , 13 et 14ᵉ. siècles, dispersés ci-devant dans différentes églises bâties à-peu-près dans le même tems que la Cathédrale d'Amiens, et réunis maintenant au Muséum des Monumens français placé aux Petits-Augustins de Paris , offrent tous des chiens, des lions, des serpens ou dragons placés indifféremment aux pieds d'enfans , de Reines , de Princesses,

N

d'Évêques et d'autres personnages morts dans leurs 'lits
et à différentes époques.

M. le Docteur Rigollot, dans la dissertation académique
dont j'ai déjà parlé, s'est demandé si les animaux ima-
ginaires, placés sur les tombes des Évêques enterrés dans
l'église d'Amiens, se trouvaient là sans dessein réfléchi
et par l'effet d'un caprice assez ordinaire aux sculpteurs
et aux peintres, ou s'ils étaient le résultat d'une intention marquée de la part de l'artiste ou de celui qui l'a
dirigé ; enfin, si ces espèces de monstres étaient symboliques ?

Après avoir exposé 1°. l'opinion de M. de Saint-Foix,
qui a soutenu que les levriers et les lions placés aux pieds
des Chevaliers français, désignaient, savoir : les premiers,
ceux qui sont morts dans leur lit ; les seconds, ceux qui
ont été tués dans une bataille ;

2°. Celle du savant et laborieux Millin, qui a pensé qu'on
y plaçait les animaux que les défunts affectionnaient de
leur vivant, ou ceux de leurs blasons ;

3°. Enfin celle de M. Le Noir, qui veut que les lions
placés sous les pieds des mêmes statues, soient un symbole de leur résurrection future ;

Mon savant collègue reste convaincu que le lion et le
serpent sont les symboles de la vie et de la mort, dont
le Dieu Sauveur est le souverain maître, et que ces animaux ont la même signification sur la tombe des deux
fondateurs de notre Cathédrale.

« Comment, dit-il, pourrait-on croire que sur un mo-
» nument aussi austère, sous des personnages aussi gra-
» ves, on eût associé de vils animaux à des ministres sa-
» crés brûlant leurs cierges, à des Anges qui font fumer
» de l'encens en leur honneur ? On les retrouve sur d'au-

» tres tombeaux exécutés en d'autres tems et en d'autres
» lieux : ils ne sont donc ni les animaux qu'affectionnaient
» nos Évêques, ni ceux de leurs blasons. Le lion ne dé-
» signe pas ceux qui sont morts dans les combats ; il est
» placé ici comme le symbole de la lumière la plus vive
» et la plus éclatante. Sur les deux tombes dont il est
» question, il occupe une autre place ; mais par celle
» qu'il a cédée au serpent son ennemi, il désigne plus
» énergiquement encore le triomphe des deux Prélats :
» ils sont vainqueurs de la mort, du serpent qu'ils fou-
» lent aux pieds ; ils reposent sur le signe céleste de la
» lumière éternelle. »

Quelques séduisantes que soient les raisons alléguées
par cet Académicien, pour appuyer davantage sa vision
du manichéisme, dans les emblêmes divers qui décorent
notre Cathédrale, je suis encore forcé d'être d'un autre
avis que ce confrère que j'aime autant que je l'estime. Tout
bien considéré, je reste convaincu qu'il a gratuitement
prêté, soit au fondeur, soit à celui qui l'a dirigé, des
intentions plus réfléchies et beaucoup plus d'esprit qu'ils
n'en ont réellement eu. En effet, ces monumens sont
ecclésiastiques ; ils représentent deux Pontifes : leur destination était pour le temple saint. Il est donc bien plus
simple, et sur-tout bien plus naturel de penser que le dessinateur ou le fondeur se seront laissés guider par ces paroles du Psalmiste : « *Super aspidem et basiliscum ambu-*
» *labis, et conculcabis leonem et draconem ;* vous mar-
» cherez sur l'aspic et le basilic, et vous foulerez aux
» pieds le lion et le dragon. » Ces paroles du Roi-Pro-
phète sont connues de tout le monde. Sans vouloir pénétrer dans sa pensée, on les a tout uniment appliquées
aux Pontifes du Seigneur, pour signifier qu'ils avaient

été victorieux des monstres et des dangers du siècle.
Quant à moi, je ne suis point étonné de retrouver
les mêmes emblèmes sur des monumens prophanes.
Tous les hommes sont orgueilleux; la domination leur
plaît : il n'y a eu, dans tous les tems, que trop de
flatteurs. Or, quoi de plus fait pour caresser l'amour-
propre que de mettre sous les pieds des grands de la terre,
les animaux symboliques de la force, du courage, de la
prudence, etc. : c'est annoncer leur supériorité, leur
triomphe. Ceux qui font ériger de pareilles apothéoses,
pensent encore plus à eux, à l'illustration de leurs familles
qu'aux défunts auxquels elles sont consacrées. Peut-être
aussi ne doit-on attribuer qu'à la décadence de l'art et à
la perte du bon goût, ces genres de supports : ils étaient
inconnus dans les beaux siècles de l'architecture.

Un troisième monument s'offre aux regards sur le premier pilier qui se présente à gauche, lorsqu'on est arrivé
dans le bas-côté droit de l'église : c'est le mausolée d'un
ancien Chanoine, nommé Pierre Mifry (21). Il est à genoux : St. Pierre, son patron, le présente à un *Ecce homo.*
Tout ce groupe, en pierres de Conty d'un seul bloc, n'a
rien de remarquable que son antiquité. Le nom du statuaire dort tranquillement dans la poussière et l'oubli des
siècles. Il a fallu toute la patience et la sagacité de M. Ledieu, contrôleur des contributions, pour déchiffrer les
deux légendes qui sont au bas des statues. La première
est ainsi conçue :

« Cy gist le corps de vénérable et discrete personne
» Mòseigneur maistre Pierre Mifry, chanoine de chians

---

(21) C'est mal-à-propos que le P. Daire l'appelle *Burrus* ou
Burry; il y a bien réellement *Mifry.* Voyez Hist. litt. d'Amiens,
pag. 58.

» qui trebpassa le xxv jo. d'apvril, l'an mille cinq cent et
» quatre. Priez Dieu pour son ame. »

Un os de mort sépare cette première légende de celle-ci :

Ante fores juxtà templi sum conditus antrum,
 Ut videat subiens det mihi gratus opem.
Non aurum, non argentum mihi posco misellus,
 Sed ferat ut mentis bursa brevia stipem.
Vos Myfri *memores pia vota, piosque precatus*
 Fundite ; non alias flagito Petrus *opes.*

Il paraît que ce *Pierre*, dédaignant l'airain et le marbre comme trop somptueux, a voulu, par réflexion et pour mieux éterniser son prénom, que ce monument élevé à sa mémoire, fût tout en *pierre*.

Cette dernière légende est supportée par deux Anges de la mort, dont on voit deux têtes placées en vis-à-vis.

Toute cette lourde masse repose sur deux piliers beaucoup trop faibles pour son poids.

Le premier enfoncement qui se présente au-dessus de la porte collatérale à droite, donnant sur la rue dite Cloître de l'Horloge, a eu pour destination primitive une chapelle dédiée à St. Lambert : elle fut construite au commencement du 14e. siècle, des deniers de Henri Beaupigné. La quantité d'inscriptions qu'on y voit, prouve qu'à cette époque la dévotion du peuple envers ce Saint était fort grande. Le chef de St. Jean-Baptiste y est resté exposé jusqu'en 1759, tems où il fut transféré dans la chapelle qui porte le nom de ce saint précurseur du Christ. Cette chapelle n'existe plus : on y remarque encore, à côté de deux statues mutilées, celle de cet Angilvin, comte de Dommélieu, dont j'ai précédemment parlé.

Je dois observer ici, pour éviter les répétitions, que

Chapelle
de
S. Lambert,
1re.

toutes les chapelles, tant de la nef que du chœur, sont
défendues par de fort belles grilles en fer, qui ont remplacé les clôtures en bois. Celles de la nef sont toutes de
la même hauteur, et façonnées sur un modèle à-peu-près
semblable.

chapelle
de St.
christophe.
2e.

La seconde chapelle est dédiée à St. Christophe : la
statue de ce Saint en pierre, de grandeur naturelle, a été
sculptée par M. Dupuis, artiste distingué d'Amiens. La
tête est d'un assez bon style ; le mouvement en est heureux ; les formes sont en général très-naturelles. La partie
de la draperie n'est pas la mieux soignée. On remarque
aisément que les pieds ne sont pas en proportion avec la
tête. Le sculpteur rêvait à Hercule lorsqu'il l'a travaillée.
Nous devons savoir gré à M. Dupuis d'avoir placé l'Enfant Jésus sur l'épaule gauche du robuste saint Christophe, et de s'être éloigné, par cette heureuse idée, de
l'usage pratiqué jusqu'à lui, de le mettre à califourchon
sur les deux épaules ; posture ridicule, qui semble mettre
en danger la délicate enfance du fils de Marie. Le Saint
qui le regarde et observe ses mouvemens, peut au moins
veiller à sa conservation. L'enfant est assis avec grace et
confiance : tout en lui annonce de la sécurité. Le curieux
détaille cette figure avec plus de plaisir que celle de Christophe.

Enguerrand d'Eudin, Gouverneur du Dauphiné, mort
en 1390, était ci-devant représenté sur les vitres de cette
chapelle. Ce Seigneur, principal et premier fondateur de
l'ancienne église des Célestins d'Amiens, avait fondé
une messe quotidienne à l'acquit de laquelle ces Religieux veillaient. Son cœur y fut enterré. La clôture en
bois avait été donnée en 1611 par Florent Bellot, contrôleur au grenier à sel d'Amiens, et Antoinette Blon-

din, son épouse. C'est aux largesses du Chanoine Cornet-Coupel, que cette chapelle doit la clôture en fer et les nouvelles décorations qu'elle a reçues en 1763.

Cette chapelle, connue autrefois sous le nom de *Notre-Dame-du-Jardinet*, est sous le vocable de l'Annonciation. La statue de la mère du Sauveur du monde, finie en 1655, la représente au moment où l'Ange du Seigneur, un lys à la main, vient alarmer sa pudeur par l'annonce d'une maternité prochaine. La Vierge est à genoux sur un prie-Dieu, proférant avec humilité ces mots : *Je suis la servante du Seigneur, qu'il me soit fait selon votre parole.* (*Ecce ancilla Domini, fiat mihi secundùm verbum tuum.*)

Chapelle de l'Annonciation.
3ᵉ.

On trouve dans un livre fort commun à Naples, intitulé *tesoro céleste*, qui contient les révélations faites par la Vierge à Ste. Brigite, l'explication fort singulière de ce premier mystère. Ceux qui seront curieux de la lire, peuvent consulter les *Souvenirs d'Italie*, par Kotzebue, t. 2, p. 326. La gravité du sujet que je traite ne permet pas de l'insérer ici.

L'auteur des prétendues révélations faites à cette Ste. Brigite, avait sans doute consulté la lettre apocryphe qu'on a dit avoir été écrite au Sénat romain par *Publius Lentulus*, dans laquelle ce Gouverneur de la Judée a esquissé le portrait suivant du fils de Marie.

« Il y a en Judée un homme d'une vertu singulière,
» qu'on nomme Jésus-Christ. Les barbares le croient
» prophète ; mais ses sectateurs l'adorent, comme étant
» descendu des dieux immortels. Il ressuscite les morts,
» et guérit toutes sortes de maladies par la parole ou
» l'attouchement. Il est d'une taille grande et bien for-
» mée ; il a l'air doux et vénérable ; ses cheveux, qu'on

Portrait de J. C,

» ne saurait guères comparer, tombent en boucles au-
» dessous des oreilles, se répandent avec beaucoup de
» grace au-dessus des épaules, et sont partagés sur le
» sommet de la tête à la façon des Nazaréens ; son front
» est uni et large ; ses joues ne sont marquées que d'une
» aimable rougeur ; son nez et sa bouche sont formés
» avec une admirable symétrie ; sa barbe est épaisse, et
» répond à la couleur de ses cheveux, descendant un pouce
» au-dessous du menton, se divisant vers le milieu ; ses
» yeux sont brillans, clairs et sereins. Il censure avec
» majesté, exhorte avec douceur. Soit qu'il parle ou qu'il
» agisse, il le fait avec élégance et gravité. Jamais on
» ne l'a vu rire, mais on l'a vu pleurer souvent : il est
» fort tempéré, fort modeste et fort sage. C'est un homme
» enfin qui, par son excellente beauté et ses divines per-
» fections, surpasse tous les enfans des hommes. »

Mais reprenons notre examen.

Les deux figures à mi-bosse de l'Ange et de Marie,
qu'on voit dans cette chapelle, sont en beau marbre blanc
d'Italie, et de grandeur naturelle.

On lit au bas ces mots : « Vient d'Antoine *Pièce*,
» maître de la confrérie de N. D. du Puy, et de Fran-
» çoise Décourt sa femme ; présentée à la glorieuse Vierge
» en 1655, cent trois ans après que le bisayeul du dit
» *Piéce* a été maître de la même confrérie. »

Ce texte indique le sens de l'inscription en gros caractères, gravée sur le socle des figures : *Piéce sans pris,
vierge et mère sans tache.* L'auteur y a vu le double avantage d'exprimer par une espèce de calembourg, la beauté
de l'ouvrage et le nom du donateur. Ce tableau se termine par ces paroles de l'Évangéliste St. Jean : *Et Verbum
caro factum est;* (Et le Verbe s'est fait chair.)

Les

Les deux figures sont surmontées d'une gloire, du centre de laquelle sort la tête du Père éternel, et d'où s'échappe au bas le St. Esprit sous la forme d'une colombe, qui semble diriger son vol vers la Vierge Marie.

Tout ce travail est dû au ciseau du sculpteur Blasset, à qui la ville d'Amiens se glorifie d'avoir donné le jour, et que ce statuaire a enrichie de beaucoup de chef-d'œuvres. Blasset possédait au suprême degré le rare talent d'imiter parfaitement la nature; il maniait le marbre avec adresse et facilité. Ses nombreux ouvrages sont pleins de vérité, de naturel, de grace, de vie et de mouvement. Ses talens lui firent obtenir le titre d'architecte et de sculpteur du Roi. Il mourut dans sa patrie le 2 mars 1659. Son corps fut inhumé dans l'église de St. Firmin-le-Confesseur. J'ignore ce que sa poussière est devenue lors de la démolition de ce temple.

Le tableau qui nous occupe, est un des meilleurs ouvrages de cet estimable artiste. Toutes les figures sont soignées et finies; le faire en est beau; la draperie, charmante : elles font camée sur un marbre de couleur, et respirent cet air céleste plus difficile encore à exprimer par le ciseau du statuaire que par le pinceau du peintre. Le tout rappelle le style de Jean Goujon. On quitte la Vierge avec le regret de voir que sa tête est trop petite. Les deux autres Vierges du même auteur, que nous verrons bientôt, méritent ce seul et unique reproche.

Cette chapelle est une des premières qui ait été construite dans la nef de la Cathédrale. Son autel fut béni le 7 avril 1378. La première clôture fut donnée par François Couvrechef en 1591. On y a vu, pendant long-tems, le tableau grotesque des tentations de St. Antoine, où trois cochons paraissent en chapes. La grille actuelle,

O

ainsi que les nouvelles décorations, datent de 1765; M. Horard, Chanoine, en fit les frais.

La confrérie de l'Annonciation, supprimée par le décret qui a proscrit toutes les associations religieuses, subsistait dès l'an 1388. On élisait chaque année pour maîtres, un procureur et trois marchands en gros ou en détail, qui étaient forcés d'accepter ces places.

Monument. Avant de passer à la chapelle suivante, il faut considérer sur le second pilier à gauche, un monument funèbre plus gracieux que le précédent; c'est le mausolée de François Niquet, Chanoine de la Cathédrale, mort en 1652, ainsi que l'atteste son épitaphe encore très-lisible.

Cet ecclésiastique, à genoux, tenant son bréviaire à la main, est présenté par son patron St. Antoine, à N. D. des Sept-Douleurs. La place de cette mère affligée est maintenant vacante; sa statue est allée remplacer un saint Louis à l'autel de St. Sébastien. Les deux têtes qu'on y voit encore, sur-tout celle de St. Antoine, sont d'un beau-faire, ainsi que tous les ornemens du mausolée. Le tout est en pierres de Pont-Remy. Les colonnes qui le supportent sont trop faibles.

Chapelle de l'Incarnation. 4e. Cette chapelle, autrefois sous le vocable de l'Assomption de la Vierge, renfermait la belle statue qui représente ce mystère. Posée maintenant dans la chapelle derrière le chœur, et qui sert d'Église paroissiale, elle a été remplacée par une autre qui représente le mystère de l'Incarnation. Cette Vierge, que nous devons encore au fécond ciseau de Blasset, porte dans les mains son divin Enfant. La tête de la mère est noble, belle et décente, mais encore trop petite. La draperie est admirable, quoiqu'un peu maniérée. Jésus paraît trop petit; ce n'est pas le robuste enfant dont parle Ste. Brigitte; on le dirait un enfant de la ville. Le socle présente ces paroles : *Michel Martin a compagne Marie ;* ce qui offre le double sens, ou que ce Martin faisait toujours assidue et fidèle compagnie à la Ste. Vierge ; ou, ce qui paraît plus vraisemblable, que son épouse s'appelait *Marie.* Nous avons déjà remarqué que Blasset avait du goût pour les sentences énigmatiques. Plus bas on lit ces mots du Cantique des Cantiques, si poétiquement paraphrasé par St. Bernard, *Tota pulchra est amica mea.* (Mon amie est toute belle.)

On lit autour de la corniche de l'autel : *Veni sponsa mea, veni, coronaberis.* (Venez, mon épouse, venez recevoir la couronne.)

La clôture de cette chapelle, primitivement connue sous le nom de St. Nicolas, fut donnée en 1666 par François Guignon, Chirurgien, et Jeanne Véru son épouse. Cette chapelle a été renouvellée, décorée et ornée d'une grille en fer en 1761, par M. Dufresne d'Hauteville, Prévôt de la Cathédrale, mort en 1765.

Cette chapelle est sous le vocable de St. Étienne. Point de statue sur l'autel, mais bien un tableau sur lequel la Ste. Vierge est représentée au moment qui précède son départ vers les cieux. On croirait qu'à peine sortie du tombeau, elle dort encore. Deux Anges la soutiennent avec grace : leur attitude exprime le respect. Son fils étend les bras pour la recevoir dans son royaume céleste. Le peintre a imité la manière du célèbre Vouet, peintre français, qui a honoré par ses talens le règne de Louis XIII : il s'appelle le Frère Luc, Recollet. Ce Religieux, estimé pour son talent, avait été l'élève du fameux Le Brun.

Chapelle de S. Etiennes 5e.

On lit au bas de ce tableau : *Fulcite me floribus, quia*

amore langueo. (Couvrez-moi de fleurs , parce que je languis d'amour.)

Les deux côtés de cet autel sont décorés de deux statues en pierres , sculptées par Blasset. Celle à droite représente St. Augustin , et l'autre le martyr St. Étienne. Le costume de ce dernier m'a paru trop moderne : sa richesse et son genre contrastent trop fortement avec la simplicité des tems antiques. Rien ne signale d'une manière expressive cette première victime de la foi de J. C. C'est un homme beau , bien fait , bien nourri , qui paraît avoir servi de modèle au statuaire. Une figure pénitente , desséchée par le jeûne et les mortifications de la chair , plairait davantage ; l'odeur de sainteté en serait plus forte. *Si vis me flere, dolendum est primùm ipsi tibi.*

La table d'autel a été donnée en 1628 par Augustin Cordelois, Chapelain ; et l'ancienne clôture, en 1600, par Louis de Villers. C'est M. Caron, Chanoine, qui a fait faire la grille et les décorations actuelles, en 1768.

C'est dans cette chapelle que le vénérable Évêque Feydeau de Brou, l'ami du bon Chanoine Masclef, attend paisiblement la résurrection générale. On lit sur une belle pierre sépulchrale, son épitaphe :

Hîc jacet
Henricus Feydeau de Brou
Episcopus Ambianensis
Cui
Non ob generis nobilitatem
Aliaque familiæ decora
Quibus Pontifex ex hominibus assumptus
Non gloriabatur ;
Sed ob excellentiam ingenii
Altitudinem sapientiæ,

Vim eloquentiæ ;
Profusam in pauperes benignitatem
Integritatem vitæ, suavitatem morum
Quibus Deo et hominibus placuerat
Decani et totius Capituli decreto
Datus est hîc præter morem locus
Ut semper esset clero præsens
Mortui memoria,
Qui vivus forma cleri factus fuerat.
Ob. 14 jun. 1706. Ep^{tus}. 14 ætat. 53.
Viator, quisquis es,
Communi omnium ordinum parenti
Bene precare et vale.

Cette chapelle est sous l'invocation de Ste. Margue- **Chapelle de Ste. Marguerite 6e.** rite. La statue en pierre qu'on y voit, et qui en repré- sente la patrone, a été exécutée par M. Vimeu, artiste estimé d'Amiens. L'intérieur est revêtu d'un marbre na- turel de différentes couleurs. Cette chapelle est belle, mais triste : comme elle se trouve moins éclairée que les autres, il aurait fallu des couleurs plus vives et plus éclatantes.

La première origine de cette chapelle est antérieure à l'an 1303, puisque Guillaume de Mâcon, Évêque d'A- miens, mort cette année, y est enterré, et qu'il a donné le vitrage où il est représenté. On y voyait autrefois le tombeau de ce pontife tout en émail : c'était le plus riche de tous ceux que cette église renferme.

Voici son épitaphe :

Matisconensis ortu, post Ambianensis
Factus prælatus, jacet hîc Guillelmus humatus,
Qui prius artista, doctor fuit et canonista

Summè famosus , facundus et ingeniosus ;
Clericus Angelici fuit hic Regis Ludovici.
Gregorio deno conjunctus corde sereno,
Post cursum talem , concedit pontificalem
Sedem , cui cura fuit ecclesiastica jura
Integra servare , servataque multiplicare.
Flos prælatorum , rector pius inferiorum ,
Præsul ter denis fuit annis , clarus arenis.
M C ter et tetra bis Christi vivat in œthra.

L'ancienne clôture en bois fut donnée en 1603 par Jean Boulet, bourgeois d'Amiens, et le tableau de l'autel, par l'Abbé Benoise. Elle doit sa grille de fer et ses nouvelles décorations à M. Pingré, Chanoine-Écolâtre de cette Église : elles furent terminées en 1768.

On lit sur deux tables de marbre noir, placées à droite sur le mur de cette chapelle, les épitaphes de MM. Pingré, Chanoines de cette Église. Le premier, à gauche, s'appelle Joseph : il est mort avec la dignité d'Écolâtre, en 1781, à l'âge de 66 ans; et l'autre, J. B., est mort en 1755, âgé de 66 ans.

Total des chapelles dans ce bas-côté de la nef.... 6.

Chapelles dans la grande croisée.

Ces chapelles sont au nombre de deux; savoir, celle de N. D. du Puy et celle de St. Sébastien; la première, à droite de la façade du chœur, et la seconde à gauche.

Chapelle
de N. D.
du Puy.
7ᵉ.

En poursuivant sa route au sortir de la chapelle de Ste. Marguerite, on rencontre sur sa gauche, avant de monter les cinq degrés qui séparent le chœur de la nef, une chapelle close par une balustrade toute en cuivre : elle est sous l'invocation de Notre-Dame du Puy; elle porte aussi le nom du *pilier rouge*, parce qu'il était peint en cette couleur. Le tableau de l'autel représente l'Assomption de la Vierge : il a été peint en 1628 par Frankin, peintre estimé de l'école flamande. Cette chapelle, parallèle avec celle de St. Sébastien, est unique dans ses décorations. On y voit la Ste. Vierge, le soleil, la lune, un phénix, etc. Les statues de grandeur naturelle, rondes bosses, en pierres, qu'on voit, tant sur les côtés qu'au-dessus de l'autel, sont encore de l'infatigable Blasset. La première, à droite, est une Judith tenant à la main la tête d'Holopherne. Celle qui est placée au-dessus représente le Roi David, tenant à la main un rouleau à moitié délié, avec cette inscription : *Astitit Regina à dextris tuis.* (La Reine est placée à votre droite, Ps. 44.)

Au côté opposé, on voit Esther, et dans le haut, Salomon tenant d'une main une feuille à moitié déroulée, sur laquelle on lit ces paroles du Cantique des Cantiques, ch. 8, *Ascendit de deserto, deliciis affluens.* (Elle s'est élevée du désert, remplie de délices.)

Des deux côtés s'élèvent deux belles colonnes de marbre noir d'Italie, isolées sur un retable, et deux autres qui sont incrustées. Les chapitaux de ces colonnes, d'ordre corinthien, sont dorés. La frise est ornée de rinceaux d'une assez belle exécution (22).

On voit, dans le haut de cette chapelle, la statue de N. D. du Puy, de grandeur presque colossale; la tête est ornée d'une auréole d'assez mauvais goût. La Vierge tire de la main droite un enfant hors d'un puits, dont la partie extérieure et ronde porte à peu près un mètre de hauteur.

_____

(22) Le rinceau est un feuillage que l'on emploie dans les ornemens de peinture et d'architecture.

La clôture de marbre et d'airain fut donnée en 1627 par Ant. Pingré, receveur général des gabelles.

Au total, ce morceau dont l'exécution est imposante et belle, est grouppé un peu lourdement.

M. Devermont l'aîné, auteur d'un Voyage pittoresque d'Amiens, répète à ce sujet, page 10, ce que plusieurs autres racontent; savoir : « que le surnom du Puy qu'on » a donné à cette Vierge, vient de ce que les chants » royaux ou balades qu'on récitait le jour de la Chan- » deleur, où l'on fait la fête principale, était sur un théâ- » tre ou lieu élevé, appelé puy, du latin *podium*, qui » signifie hauteur, montagne. Cette origine, dit ce M. De- » vermont, prouve que les peintres et les sculpteurs ont » tort de représenter la Vierge tirant un enfant du puits. »

J'observerai d'abord que, malgré tous mes efforts, je n'ai pu saisir le sens de la première phrase. Ceux qui ont cette notice dans les mains, ne seront probablement pas plus heureux que moi. On ne sait en effet ce *qui était sur un théâtre appelé Puy.* Est-ce le surnom du Puy? est-ce le jour de la Chandeleur? C'est un peu difficile à expliquer. Je crois que l'auteur a voulu parler des éco- liers de rhétorique qui, le jour de la fête, conduits par leurs maîtres, venaient se placer sur une estrade dressée à cet effet, pour y réciter des Odes ou Ballades faites par eux en l'honneur de cette Vierge. Le lendemain, pendant la messe, on donnait une couronne d'argent à celui qui avait fait la meilleure Ballade sur le refrein du *fatras divin*, proposé l'année d'auparavant. L'auteur couronné était ensuite reconduit chez lui par les maîtres de la Confrérie. Ces pièces qui étaient toujours à la louange de la Vierge, plurent tant à la mère de François Ier., pendant son séjour à Amiens en 1517, qu'elle pria le
Corps

Corps de ville de lui en céder le recueil sur vélin, qui se trouve aujourd'hui dans la bibliothèque impériale. Un second prix fut fondé en 1518 par Ant. de Saint-Delys, sieur de Heucourt, maître du Puy. Tous deux furent abolis en 1685. Quand on mangeait chez les maîtres en exercice de la Confrérie, chacun payait son écot, à l'exception des rhétoriciens forains et des religieux mendians.

Le même jour de la Chandeleur, on habillait en vierge, tenant un enfant de cire, une jeune fille qu'accompagnaient de jeunes garçons habillés en anges, dont deux portaient une paire de tourterelles. Le cortége était suivi par la famille du maître en charge, et par les confrères qui tous assistaient à la messe. La jeune vierge allait à l'offrande, récitait quelques vers, et présentait les tourterelles. Cet usage fut aboli en 1722.

Le jour des morts, on distribuait un second prix : on portait la couronne au cimetière de S. Denis, et on y chantait ou déclamait les ballades qui roulaient sur le *mystère des trépassés.*

Le jour de Noël, le maître en charge faisait exposer, dans l'Église cathédrale, le tableau qu'il était tenu de présenter; ce tableau y restait pendant toute l'année. Lorsqu'elle était expirée, il le faisait reporter chez lui.

Le 9 janvier 1493, on décida que ces tableaux resteraient dorénavant dans la Cathédrale. Mais comme on s'apperçut dans la suite que le trop grand nombre de ces tableaux cachait la beauté de l'architecture de l'édifice, et que leur poids pouvait nuire aux piliers sur lesquels ils étaient suspendus, on en ôta la plus grande partie au mois de février 1723. Les meilleurs furent placés dans les chapelles, et les autres furent donnés aux églises de la campagne.

P.

Sans pouvoir ni vouloir contrédire les autorités qui ont servi de guide à ce M. Devermont, et au P. Daire qui partage son opinion sur l'origine du nom de *Puits* que porte cette chapelle, ainsi que de l'ancienne Confrérie, je me bornerai à énoncer une opinion plus simple, et beaucoup plus vraisemblable.

La dévotion à la Ste. Vierge, aussi ancienne que le christianisme, a porté de bonne heure les fidèles à bâtir des temples et à construire des chapelles en son honneur. Une des plus célèbres et des plus anciennes en France, est celle qui fut érigée au Puy en Vélay, ville fameuse par ses dentelles, ainsi que par ses foires de chevaux et de mulets. Le grand concours de monde qui s'y rendait, a donné commencement à la ville de ce nom. Le nombre des miracles qu'on disait s'y opérer, y appela des Empereurs, des Rois, Ducs, Comtes, Reines et Princesses. Ce qui augmenta beaucoup la célébrité de cette église, c'est une image de la Ste. Vierge que le Roi St. Louis lui donna vers le milieu du 13e. siècle, et que ce Prince avait rapportée de son voyage d'outre-mer, l'ayant obtenue du grand Soudan d'Égypte et de Babylone. La pieuse tradition a augmenté le mérite de cette statue, en ajoutant que cette Vierge est la même que Jérémie, par un esprit prophétique, fit faire en bois de Setim, et qu'il donna aux Prêtres d'Égypte pour marque de la ruine de leurs synagogues, au tems qu'une mère vierge se transporterait avec son fils dans leur pays. (Voyez *Jérémie*, ch. 31, v. 22, et *St. Mathieu*, ch. 1, v. 14.) *Fama crescit eundo.*

Cette madone en bois, que j'ai vue en 1781, est toute noire, et ce n'est rien moins que celle dont le texte du Cantique des Cantiques a dit : *Nigra sum sed formosa.* Elle ressemble à celles de N. D. de Lorette et de Liesse. Celle de

Liesse, dans le département de l'Aisne, a été brûlée publi-
quement, en 1793, par des fanatiques du pays qui ne doivent leur fortune et leur existence qu'au concours de monde
que la dévotion envers cette Vierge y appelle tous les ans.
Il faut apparemment qu'elle se soit ressuscitée ou renouvellée par un miracle quelconque ; car les habitans l'ont
annoncée, et en montrent une semblable qui a pris la place
de l'ancienne.

La Vierge noire du Puy appelle encore dans cette ville
un nombre immense de pélerins et des personnes de tout
sexe, de tout âge et de tout pays. La célébrité de cette
Vierge a multiplié dans un grand nombre de provinces,
et sur-tout dans le midi de la France, des Confréries en
son honneur.

Amiens, renommée de tout tems par la piété de ses habitans et par leur vénération pour la mère des fidèles,
patrone de leur Église cathédrale, en établit une sous la
dénomination de *Confrérie de N. D. du Puy*, comme un
nouvel hommage envers elle, un nouveau motif d'espérance dans ses besoins, et un nouveau sujet de confiance
dans son intercession.

Le Chanoine Lamorlière, dans ses *Antiquités*, fixe
l'origine de cette Confrérie dans Amiens à 1181, sous
l'Évêque Thiébault, à la suite des grandes querelles et
inimitiés appaisées par une image de N. D. du Puy en
Vélay, apportée de cette ville par un pauvre charpentier
que la dévotion y avait appelé, et qui la reçut le jour de
l'Assomption. Voilà pourquoi ce mystère de la Vierge est
représenté sur le tableau. Quant à l'emblème d'un enfant
tiré d'un puits par la Vierge, on lui attribue une autre
origine, en prétendant qu'un enfant de chœur de l'église
du Puy, passant un jour dans la rue des Juifs, se mit à

chanter ces paroles d'un motet : *Erubescat judæus infelix
qui dicit Christum ex Joseph semine esse natum ;* mais
qu'un Juif transporté de colère, prit cet enfant et le jeta
dans un puits, d'où il fut tiré par la Ste. Vierge.

Tout cela me paraît bien apocryphe. Un enfant qui
chante du latin dans les rues ; un Juif, entre mille, qui
le comprend et qui s'en fâche ; un meurtre et un miracle :
on peut, sans risquer son salut, ne pas y croire.

Ce n'est donc que par ignorance, et à mesure que la
véritable tradition s'est affaiblie, qu'on a dénaturé l'origine de cette chapelle et de la Confrérie. Celui qui a ordonné ou exécuté la représentation de la Vierge tirant
un enfant d'un puits, dupe lui-même d'un faux bruit
semé par un ouvrier qui, comme tant d'autres, avait
recueilli dans ses voyages et propagé de bonne foi une
pieuse fable, en a depuis beaucoup multiplié le nombre.
Que d'erreurs en légendes qui n'ont pas d'autre cause !

Ce n'est guère qu'en 1389, que cette Confrérie commença à former une association réglée, composée, dans
le principe, des rhétoriciens de la ville. Tout ce qu'il y
avait de distingué parmi les habitans voulut, depuis,
en être membre, et le tint à grand honneur. On lisait les
noms des confrères, gravés sur des tables de marbre noir,
placées au-dessous du relief de St. Jacques-le-Majeur, à
droite, en allant à la petite sacristie. Ces tables ont été
enlevées pendant la révolution : on les conserve encore
dans une espèce de dépôt placé sous les anciennes archives du Chapitre. Elles furent données, en 1648, par
Honoré Quignon, Avocat, maître du Puy, et M. d'Ai-
graine son épouse. Au-dessus étaient les mystères de la
Ste. Vierge, sculptés en marbre blanc par le célèbre
Blasset. M. l'Abbé Clausel, grand Vicaire, a sur sa bi-

bliothèque deux jolis Anges en marbre blanc, qui faisaient partie de la décoration de ces tables, et que nous trouvâmes dans des décombres.

Monumens.

Ne quittons pas le lieu où nous sommes encore, sans avoir examiné les monumens qui, de toutes parts, appellent l'attention des curieux.

Sur sa droite, en longeant les murs de la croisée, à partir de la dernière chapelle de la nef, et en face de la chapelle de St. Charles Borromée, on remarque quatre reliefs enchâssés chacun dans des ogives surbaissées, dont les pierres sont dentelées avec goût. Ce travail a exigé plus de patience que d'adresse. Les figures en pierres sont groupées : elles étaient originairement dorées. Le tout est assez bien conservé, à l'exception d'un diable qui tente St. Jacques. La tête manque à un autre ange des ténèbres, placé dans le fond. La scène se passe en Afrique. Un St. Jacques porte une escarcelle. Tous ces groupes rappellent différens traits de la vie de St. Jacques-le-Majeur. Les inscriptions, altérées encore plus par le tems que par la malveillance, sont absolument indéchiffrables.

Le premier groupe, à gauche, représente St. Jacques prêchant la multitude. Dans le second, il fait un exorcisme. Le troisième, qui est véritablement le sallon de la légion infernale, fait voir St. Jacques en présence des juges africains. L'Apôtre présente deux doigts à un diable, comme pour le défier de le mordre. Enfin, dans le quatrième, on voit un homme aux fers ; son nom est Hermogènes. La dernière figure est celle du Saint, que sollicite un homme à genoux. Au fond et dans le bas, se montre le Père Éternel portant dans une main le monde figuré par une boule.

Ce monument a été construit aux frais de Guillaume aux Cousteaux, Chanoine, mort le 2 décembre 1511. Voici le sujet, ou plutôt le canevas de l'histoire qui y est représentée.

L'Apôtre St. Jacques-le-Majeur prêchant à Jérusalem, les Juifs, de concert avec un magicien nommé Hermogènes, et un de ses disciples nommé Philète, tramèrent le complot de confondre le St. Apôtre par leurs faux argumens, et de le faire étrangler ensuite par les démons. Hermogènes lui envoya donc son disciple Philète. Celui-ci qui pouvait, dit-on, enchanter l'homme de Dieu par son art diabolique, fut, au contraire, enchanté lui-même et converti subitement à la foi de J. C. Après avoir demandé pardon au Saint, il retourne vers son maître, lui conte son aventure, et l'exhorte à suivre son exemple. Le vieux sorcier, transporté de colère, charme aussi-tôt Philète d'une telle manière, qu'il ne peut plus bouger. S. Jacques n'en fut pas plutôt informé, qu'il envoya son mouchoir à ce nouveau néophyte. A peine ce mouchoir est dans ses mains, qu'il est désenchanté. Hermogènes donne aux démons l'ordre de lui amener St. Jacques tout lié, ainsi que le nouveau converti. Arrivés devant le magicien, Philète, au nom de Jésus de Nazareth, délia l'Apôtre avec une promptitude et une facilité surprenantes. Hermogènes confondu par ce prodige, crut à la foi de J. C., demanda pardon au St. Apôtre, et se convertit. Le plus faible devait bien céder au plus fort.

St. Paul, dans ses *Épîtres*, parle de ce Philète et de cet Hermogènes.

Au bas de ce monument sont six panneaux qui renfermaient chacun les tables de marbre dont j'ai parlé à l'occasion de la Confrérie de N. D. du Puy. Les signes de féodalité que rappelaient certains noms et certaines qualités honorifiques, en provoquèrent l'enlèvement en 1791. C'est à cette époque, et par suite du décret qui proscrivait toutes les marques de féodalité, qu'on a mutilé ou effacé tout ce qui pouvait en retracer le souvenir dans cette belle Basilique.

On lit plus loin, sur le mur, la bulle d'Innocent X, en date du 30 janvier 1654, sous l'épiscopat de François Faure, portant indulgences en faveur de la Confrérie de N. D. du Puy.

Ce côté de l'église se termine par une porte qui conduisait autrefois au bureau des archives du Chapitre. Ce local, qui a une issue sur la rue, est maintenant occupé par un des serviteurs de l'église.

En allant de-là à la chapelle de St. Charles Borromée, placée en face du spectateur, on rencontre à sa droite un tambour qui masque l'entrée du portail dit de la Vierge dorée.

Avant de se rendre au chœur, il faut considérer un mausolée placé sur le dernier pilier de la nef, en face de N. D. du Puy : il a été élevé en l'honneur et mémoire de *Claude Pierre*, Prêtre, Religieux profès, Chanoine régulier de l'Abbaye de S. Acheul-lès-Amiens, et Vicaire en l'église de Notre-Dame d'Amiens, qui a fait cette offrande en l'année 1650.

Cet ouvrage est sorti d'un seul bloc de pierre. Les détails ne se remarquent pas sans intérêt.

Sur le sarcophage soutenu par une gaîne surmontée d'un masque très-bien exécuté, en pierre du pays, le Chanoine-Vicaire est à genoux devant un prie-Dieu, tenant d'une main le pied gauche de l'Enfant Jésus, qui est soutenu par sa divine mère. L'enfant repose son bras gauche sur la main droite de St. Claude, patron du personnage principal. Ce saint Évêque n'a conservé de sa crosse que le bâton doré. Plus de mitre. La tête du Chanoine est bien traitée : on y remarque de l'expression et du caractère.

Un médaillon placé dessus en forme de camée, représente la sainte Famille protégée par Dieu le Père, proférant ces paroles : *Hîc est Filius dilectus meus.* (Voici mon Fils bien-aimé.) Ce médaillon est supporté par un Séraphin entouré de guirlandes.

Chapelles autour du chœur.

Quittons maintenant ce bas-côté droit de l'église pour faire notre ronde autour du chœur.

Les chapelles qui s'y rencontrent, à commencer par celle qui est à droite de N. D. du Puy et presque sur la même ligne, jusqu'à l'extrémité opposée, sont au nombre de onze : elles ont été toutes renouvellées depuis 1775, à l'exception de la petite paroisse. On doit en grande partie tous les embélissemens qu'elles ont reçus, à l'ardente et généreuse piété d'un Prélat qni a fait long-tems l'ornement de cette Église, M. de la Mothe d'Orléans.

Chapelle
de S. Pierre
et de
S. Paul.
1re.

La première des chapelles qui environnent la totalité du chœur, en partant des piliers à droite qui le séparent de la grande croisée, est dédiée aux Apôtres St. Pierre et St. Paul : elle portait autrefois le nom de *chapelle de l'aurore* ou *du point du jour.* Les deux statues placées sur les parties latérales de l'autel ont été sculptées par M. Dupuis, natif d'Amiens : elles représentent les deux Apôtres.

Apôtres. Le tableau de l'autel exprime l'adoration des Mages. Une traînée de lumière fait remarquer l'étoile miraculeuse qui dirigea la course de ces Orientaux jusqu'à la crèche de Bethléem, où reposait la sainte Famille. Ce tableau a été peint par Parossel, artiste du dernier siècle. Les grilles ont été faites par le sieur Vivarais, serrurier de Corbie, et l'autel par le sieur Dron, menuisier d'Amiens.

On voit, dans cette chapelle, les fonts baptismaux qui appartenaient, avant la révolution, à l'Église paroissiale de St. Firmin-le-Confesseur : ils y furent transférés en 1791. La forme de ces fonts, en beau marbre d'Italie, est ovale et élégante. Le bassin repose sur un balustre de la même matière ; le pied est trop petit pour une masse aussi lourde. On lit tout autour : « Ces fonts baptismaux et clôture ont été donnés par André le Seillier, écuyer, et M. François Dincourt, tous deux Marguilliers en 1672. » La hauteur de ces fonts est d'environ un mèt. 25 cent. (3 pieds 9 pouces.)

On a figuré en verres coloriés, sur la croisée, la représentation du chef des Apôtres.

Cette chapelle fut fondée, en 1233, par Jean d'Abbeville, Doyen de la Cathédrale d'Amiens, fait plus tard Archevêque de Besançon et Cardinal. Les deux anciennes clôtures avaient été données, l'une, en 1605, par Jacques d'Estrées, tanneur; et l'autre, en 1617, par Jean Collencé, Curé de St. Firmin en Castillon. La table d'autel fut donnée en 1616 par David Quignon. Toutes les anciennes décorations furent changées en 1749 par M. Cornet-Coupel, alors Chapelain de la Cathédrale. C'est le 29 juin 1751 qu'elle fut bénite par M. de la Mothe, qui y célébra la première messe.

Q

L'Évêque Avantage fut enterré dans la Chapelle des Chapelains, maintenant de St. Pierre et de St. Paul. On lisait sur une plaque de cuivre, décorée de son effigie, l'épitaphe suivante :

Dictus Avantagii jacet hac tellure Joannes,
Et cinis in cinerem solvitur ipse suum.
Quem stapuli genitum septenis artibus actis,
Monspessulanus, parisiusque regunt.
Illic imbutum tanquam sua mater alumnum
In gremio fovit hunc medicina suo.
Hac illustris eum merita pro laude Philippus
Dux Burgundorum suscipit in medicum,
Sed priùs hic Martha sublimi dum volat ala
Ambianis meruit pontificale decus.
Hoc ibi viginti rexit paulò minùs annis,
Moribus et meritis se perhibendo patrem.
M semel et quater C quinquageno quoque sexto
Vicena sexta luce novembris obit.
Te rogo qui transis, cui fata simillima restant,
Dicito, defuncti spiritus alma petat.

En se rendant à la chapelle suivante, on passe devant un second tambour en bois, qui cache l'entrée de la cour dite du *puits de l'œuvre*, et par laquelle on pénètre dans la rue. C'est dans cette cour où il y a réellement un puits que, lors de la construction de l'église, on rassemblait, chaque jour de la semaine, les ouvriers pour leur payer le prix de leurs journées. C'est depuis lors, et pour ce motif, qu'elle a pris et conservé le nom de *puits de l'œuvre*.

Au-dessus de la porte et dans l'intérieur, on voit deux têtes colossales grossièrement travaillées : elles ne sont

que plaquées, et ne font pas corps avec le mur. Une tradition assez générale veut que ce soit les têtes de deux
époux, jardiniers de leur état, qui donnèrent, dans le
tems, cette portion de terrain pour la construction de
l'église. Ce terrain s'appelait *le champ des artichaux*.
Les hortillons d'Amiens se glorifient d'appartenir à ces
donateurs sous le rapport du jardinage.

Un fort joli confessional, d'une exécution élégante et
moderne, mérite un moment d'attention. Pour rendre les
confesseurs plus prudens, et pour montrer le danger des
confessions écrites, je dois dire ici qu'étant entré dans
ce confessional pour en examiner toutes les parties, j'y ai
trouvé la confession écrite d'une jeune pensionnaire. La
maîtresse avait présidé à son examen de conscience. Que
la petite innocente se tranquillise ! ce billet dépositaire
de ses aveux, de ses imperfections, n'a été et ne sera
lu de personne.

Un peu plus loin que ce confessionnal on voit, dans
une embrâsure, un monument fort ancien. Le pourtour
ainsi que le bas sont en marbre noir. Deux pilastres supportent deux petites statues mutilées ; l'une, à droite parait être celle de St. Firmin-le-Confesseur, et l'autre,
à gauche, celle de St. Jean-Baptiste.

Le Père Éternel, environné de deux figures également
altérées, se montre au-dessus. Plus bas se trouve une
plaque en cuivre, dont le champ est coupé par une ligne
horisontale. La partie supérieure est une ciselure dans
le style de la mosaïque, colorée avec je ne sais quoi. Le
personnage dont l'épitaphe se lit au bas, est à genoux
devant la Ste. Vierge : il a derrière lui un saint avec une
auréole, tenant un ciboire surmonté d'un dragon.

Épitaphe.

« Sacent tous que R^d. Père en Dieu, Mon^{gr}. maître
» Jehan Avantage, jadis evêque d'Amiens, fonda en son
» vivant en ceste chapelle, messe perpétuelle qui chacun
» jour doibt être dicte basse par ung de l'université des
» chapellains de chéens tantost après la messe du bréto
» et après le son de la cloche qu'il dona pour soner la d'
» messe, et pour chacune faulte XVI à d'amende et res-
» tauration de messe à appliquier aille.......... chap-
» pellains de haulte messe ou conversió des d^{is.} chapel-
» lains, ne prorognent la dicte heure et aussi à só de
» la d. c. p. par avant la dicte messe haultes à dyacre
» et subdiacre et deux choristes aulx tiers jours des mois
» de frévier, may, aout et novembre, comme appert p.
» l' amplementes lectres sur ce faictes dont les copies
» sont au messel qu'il dona à la d. université pór dire les
» d. messe....... »

La tombe en cuivre de cet évêque, placée devant la chapelle de St. Charles Borromée, a été enlevée pendant la révolution.

Chapelle de S. Charles Borromée. 2.

Vient ensuite la chapelle qui fait face au relief de St. Jacques-le-Majeur : elle est sous l'invocation de saint Charles Borromée. La statue de ce respectable évêque de Milan, ronde bosse, en pierre, honore le ciseau de M. Dupuis. C'est dommage que l'avant-bras droit soit cassé. Les accessoires, d'une belle exécution, et dans le goût moderne, sont tous en marbre.

Aux deux côtés de l'autel sont deux colonnes torses, en marbre de Flandre, ainsi que leurs chapiteaux : elles sont ornées de pampres en plomb doré, qui s'élèvent spiralement de la base à la corniche. Le rétable de l'autel, ainsi que la crédence, sont du même marbre. Les chapiteaux des colonnes, dans l'ordre corinthien, sont également dorés, ainsi que les pilastres et les acrotères (23.)

Le saint Esprit se montre dans une gloire qui sert de couronnement à l'autel. A droite se trouve St. Luc, et à gauche, St. Jean l'Évangéliste, tous deux avec leurs emblêmes respectifs.

Au bas du socle sur lequel repose la statue de saint Charles, se trouve un joli bas-relief représentant Moyse et les Israélites recueillant la manne dans le désert. L'enceinte de l'autel est défendue par une balustrade en fer à hauteur d'appui, avec deux piédestaux surmontés de vases d'assez mauvais goût.

Cette chapelle, ainsi que celle qui lui correspond dans le côté opposé du chœur, avaient été originairement destinées à orner les deux côtés de l'entrée du chœur ; on s'apperçut bientôt qu'elles y faisaient un mauvais effet. L'Abbé Logier, architecte de Paris, connu par un goût sévère et éclairé, le même dont on a un Traité sur la manière de décorer les églises gothiques, consulté par le Chapitre, le décida à en consentir le transport dans le lieu qu'elles occupent depuis 1761. Toutes deux furent bénites le 12 février de la même année, par M. de la Mothe.

Avant d'être dédiée à St. Charles Borromée, cette chapelle portait le nom de *N. D. Anglette*. Christophe de Lannoy, seigneur de la Boissière, Gouverneur d'Amiens, y fut enterré en 1600. On y voyait son mausolée

(23) Les acrotères sont des espèces de piédestaux que l'on met d'espace en espace dans les balustrades.

en marbre blanc, qui fut détruit en 1761. Elle servait aux Chapelains qui y faisaient leur office, et qui y conservaient leurs titres et leurs papiers.

C'est dans cette chapelle qu'on voyait autrefois, 1º. les douze cercles du zodiaque, dans chacun desquels il y avait des vers latins en l'honneur de la Ste. Vierge. La mère de Dieu était représentée au milieu, avec la poitrine tout-à-fait découverte, disant à son fils : *Fili mi, respice ubera quœ succisti?* Deux Chanoines, à ses pieds, ouvraient la bouche pour recevoir le lait virginal que leur distillaient les deux mammelles de la vierge-mère.

2º. Le système astronomique de Ptolomée, sur une balustrade donnée en 1549 par Jean Bonard. Une seconde clôture fut donnée, en 1607, par un teinturier nommé Louis Artus.

Mathieu de Reneufve, natif de Noyon, et pélérin de Jérusalem, avait fait décorer l'autel en 1624.

La Princesse de Harcourt, morte le 3 octobre 1654, a été enterrée dans cette chapelle qui a été renouvellée, en 1758, aux frais de M. Cornet de Coupel, alors Chapelain, puis Chanoine de cette Église.

(*Nota.* Le lecteur doit se rappeler que c'est ici que commence la série des piliers sonores dont j'ai parlé à la page 67.)

Chapelle de S. Eloy. 3º.

En sortant de la chapelle dont je viens de parler, on rencontre celle qui est sous l'invocation de S. Éloy : elle était autrefois sous l'invocation de la naissance de J. C., représentée dans un tableau copié d'après le Guide.

L'autel a pour tableau un relief en bois peint, qui représente ce saint Prélat : on y découvre l'Église cathédrale de Noyon. Tout le monde sait que ce patron des orfèvres a été l'un des Évêques de ce diocèse maintenant supprimé. Pour rappeler le premier état de St. Éloy, le sculpteur a figuré sur le relief une enclume, et un jeune homme qui tient à la main le marteau du forgeron. On doit ce tableau à M. Vimeu.

En face de l'autel et sur le mur au-dessus du confessionnal, se trouvent deux épitaphes gravées en lettres d'or sur une plaque de marbre noir. Une seule mérite d'être rappelée; c'est celle du Chanoine de la Morlière, auteur des Antiquités d'Amiens :

« Cy gît le corps de vénérable et discret de la Mor-
» lière....... Il est décédé le 19e. jour d'octobre, l'an
» 1639. »

Le souffle de la révolution en a effacé les armes.

Cet historien fut aussi poëte. Un confrère parisien, nommé Javersy, lui adressa le quatrain suivant :

Chacun ici se trouve étonné
Si le docte de la Morlière
Aux poëtes son nom a donné;
Car de nature il *mord* le *lière*.

Il est bien étonnant que le P. Daire n'ait pas parlé du tout de ce respectable ecclésiastique, dans son Histoire littéraire d'Amiens.

Par cette chapelle on entre dans le cloître des *Machabées*. C'est improprement, et par suite d'une erreur bien facile à commettre, qu'on dit depuis long-tems *cloître du Machabée* : ce lieu se nommait originairement cloître du *Macabré*, parce qu'un auteur de ce nom a exprimé en vers latins une danse peinte sur les murs, dans laquelle la mort conduit en branle le Pape, les Cardinaux, les Patriarches, des Archevêques, Évêques, Abbés, des Empereurs, des Rois, des hommes et des femmes de tout âge et de toute condition. Le peuple le nomme encore *la danse des morts* : il est situé derrière la paroisse de la Cathédrale à laquelle il a servi long-tems de cimetière.

Les vers latins dont je viens de parler, se trouvent dans un livre intitulé : *Chorea Joannis Macabri* ; (la danse de Jean Macabré.) Cet ouvrage in-4°. existait dans la bibliothèque des Prémontrés d'Amiens.

On lit sur les murs intérieurs de ce cloître les vers suivans.

> Dieu le vif éternellement
> Saus fin et saus commencement
> Regnant en sainte Trinité
>
> . . . .
>
> Savoir faisons en général,
> Et par cest mandement moral,
> Que nous volons que la mort fasse
> Comparoir par devant nos faces,
> Tous ceulx qui sont et qui seront
> D'Eve et de Adam si rendront
> Compte de leurs faits justement
> Et en particulier jugement.
> Si donnons pouvoir à la mort
> Pour y contraindre feble et fort,
> Et que nulle opposition
> Ne vaille à l'exécution;
> Car ainsi volons qu'il soit fait
> Pour pugnir qui aura meffait,
> Et aux bons donner à toudis
> Les joies de no paradis.
> *In sæculum fiat fiat.*

Ce cloître, hideux de vétusté, et qui masque la partie extérieure du chœur, va disparaître. La fabrique en a enfin décidé la démolition. Il est à desirer qu'un mur à hauteur d'appui, d'appui, surmonté d'une belle grille en fer, et placé à la distance de quelques pieds, prenne sa place, et garantisse cette partie de l'église des outrages des passans.

La chapelle très-ancienne que ce cloître renferme, et qui sert à faire le catéchisme, aura sûrement le même sort.

M. l'Abbé Lejeune, Chanoine de la Cathédrale, nous a fait remarquer sur la porte qui y conduit, l'inscription suivante, tracée en 1793 avec la pointe d'un couteau, par un nommé Dubois, de Lille.

« Les républicains Lillois ont trouvé de toute indignité » de laisser dans un temple de la Raison, tant de ho-» chets du fanatisme. *Signé* Dubois, 2e. année républi-» caine ». C'est bien ici le cas de dire : *Nomina stulto-rum semper parietibus insunt.* La fin du dernier siècle a produit plus d'un Érostrate.

Cette chapelle, ainsi que celle qui lui sert de pendant, ont été reconstruites à neuf en 1788.

La chapelle qui vient à la suite est sous le vocable de St. François d'Assise. Le tableau de l'autel est en bois, sur lequel l'artiste a sculpté, à mi-bosse, la représentation de ce saint patron : il est en habit monastique, à genoux, et absorbé dans une méditation profonde. Un arbre hospitalier lui prête son ombre et ses fruits. Le cénobite tient à la main une tête de mort. Ce redoutable *Memento mori*, frappe l'ame d'une terreur religieuse : à son aspect s'évanouissent les idées riantes. L'ouvrage est du sculpteur Vimeu.

Chapelle de S. François d'Assise. 4e.

Cette chapelle est boisée, fraîchement dorée. Il y a deux très-jolis confessionnaux placés en vis-à-vis.

En sortant de l'enceinte de cette chapelle, on remarque sous ses pieds une singularité dont je vais indiquer

R

le motif. Tous les carreaux blancs du pavé, sur un carré d'environ trois mètres, sont diagonalement croisés et coupés au trait. Ils laissent entre eux un intervalle qui paraît destiné à recevoir et absorber un fluide. On a, dit-on, voulu rappeler par-là le meurtre de beaucoup de catholiques romains, qui, sous le règne de Henri III, furent massacrés dans cet endroit par les protestans. Cette effusion de sang eut lieu le 8 décembre 1561 ; car, dans le *Gallia christiana*, t. IX et X, p. 1207, j'ai lu que, le 9 décembre de la même année, Nicolas de Pellevé, 73e. Évêque d'Amiens, avait purifié son église souillée par le sang des catholiques, que les protestans y avaient répandu le jour de la Conception de la Ste. Vierge, à la suite des plus grands excès. Heureusement ces tems de fanatisme sont passés ! Nous avons tous appris à devenir plus tolérans. C'est sur-tout dans le temple du Père commun de tous les hommes, que nous devons apprendre que, quelle que soit la diversité de nos opinions religieuses, nous n'en sommes pas moins frères, et que rien n'est plus juste et plus humain que de pouvoir adorer Dieu selon ses lumières et sa conscience. Plaignons seulement ceux qui sont dans l'erreur, et prions l'Être suprême de les éclairer.

Chapelle de St. Jacques. 5e. — Cette chapelle est celle de St. Jacques. Les attributs de pélerin qu'on découvre sur la statue de ce saint, qui est en relief, trois quarts, en bois, de Vimeu, font croire que cette chapelle est sous l'invocation de St. Jacques de Compostelle en Gallice. Elle est boisée, dorée et ornée de deux jolis confessionnaux.

Cette chapelle fut fermée, en 1578, par une grille d'airain, dont les marchands épiciers, qui y célébraient leur fête patronale, lui avaient fait présent.

Nous arrivons enfin à la chapelle centrale, située derrière le chœur : dédiée à la Ste. Vierge, elle a toujours
servi et sert encore de paroisse. On l'a surnommée la petite paroisse, à raison du très-petit nombre de maisons
éparses dans la ville qui la composaient. Elle servait de
paroisse pour les séculiers, parens ou domestiques des
ecclésiastiques qui demeuraient dans les cloîtres, et pour
les habitans de quelques rues, telles que celles des Soufflets, des Capucins et de la grande rue de Beauvais. Le
Doyen du Chapitre en était autrefois le Curé : il com-
mettait un Vicaire pour la desservir, à qui il abandon-
nait le revenu qui n'était que de 100^{lt}. C'est là qu'on
remplit toutes les fonctions paroissiales.

Chapelle
Paroissiale.
6e.

La Cathédrale est maintenant une des quatre grandes
paroisses de la ville. L'église des Cordeliers est une de
ses succursales.

Ce n'est plus la représentation de J. C. à table avec
les pélerins d'Emmaüs, exécutée en beau marbre blanc
par Blasset; ni la Vierge dont parle l'auteur du Voyage
pittoresque, qu'on voit au-dessus de cette chapelle ; celle
qui l'a remplacée, indique le triomphe de Marie sur la
mort, c'est-à-dire, son Assomption glorieuse.

Cette jolie Vierge, ainsi que les quatre Anges qui,
les ailes déployées, prennent leur essor vers les lieux cé-
lestes, sont en beau marbre blanc d'Italie. Tout ce beau
groupe fait camée sur un fond bleu. Marie, fidèle au
précepte de la maternité, emporte son enfant avec elle.
Tout signale sa joie, exprime son triomphe. La tête a
quelque chose de divin; c'est bien dommage qu'elle soit
trop petite. La draperie est enchanteresse. Plus d'abandon, de fluctuation, flatterait peut-être davantage. L'action de l'air, qui semble devoir faire gonfler les vêtemens

libres d'une femme, n'est pas assez exprimée : ils sont collés sur le corps comme s'ils étaient serrés par un lien. Ce n'est plus la voile ondoyante sous l'impulsion des vents. Il est vrai qu'on peut supposer le silence et la tranquillité des élémens lors de ce miraculeux voyage. Si la mort du Sauveur du monde les mit, suivant le témoignage de Denis l'Aréopagite, dans un épouvantable désordre, sa résurrection, celle de sa divine mère, et cette ascension glorieuse durent les calmer. On peut dire, en outre, qu'un corps qui s'élève, n'éprouve pas la réaction de l'air autant qu'un corps qui descend. Mais pour deviner tout cela, il faut réfléchir, tandis que l'idée première annonce un gonflement.

Cette Vierge, sortie d'un seul bloc, pèse quatre mille livres.

Deux Anges groupés aux pieds de la Vierge, paraissent vouloir accélérer son vol : leurs ailes semblent lui servir de rames dans le vague des airs. On lit au bas : *Trahe nos, post te curremus.* Le socle offre cette légende : *Humilité sur les cieux exalté.* Celui qui a gravé ces paroles n'était pas fort sur la grammaire et l'orthographe : il ressemble à ces barbouilleurs d'enseignes, qui estropient presque toutes les inscriptions que tracent leurs pinceaux maladroits. Il devrait être défendu par les Maires d'en exposer aucune aux yeux des passans, sans les avoir préalablement soumises à quelqu'un qui fût connu pour savoir sa langue et l'orthographe : on nous épargnerait ainsi les plaisanteries et le dédain des étrangers.

Au-dessus de la statue de la Ste. Vierge, on voit une gloire dans laquelle se montre le Père Éternel.

Tous ces morceaux de sculpture sont de la main du fameux Blasset, et un des titres les plus durables de sa gloire.

L'autel de cette chapelle a la forme d'un tombeau antique : il appartenait auparavant à la paroisse de Saint
Michel. La matière est du bois peint en marbre blanc,
veiné.

A droite est St. Firmin-le-Confesseur : il a pour vis-
à-vis le chef des Apôtres. Ces deux statues en pierre ont
été sculptées par un nommé Morgan, d'Amiens. Toutes
deux viennent de la paroisse supprimée de St. Firmin-
le-Confesseur : elles furent transférées dans l'Église cathédrale en 1791.

Ne sortons pas de-là sans avoir donné un léger coup-
d'œil sur deux tableaux ; l'un, peint par *Forté*, représente la mort de St. François Xavier, ce grand mission-
naire des Indes ; et l'autre, du même auteur, le retour
de l'Enfant prodigue. Ils sont de l'année 1788, et pro-
viennent de l'église démolie de St. Firmin en Castillon.

Monument.

Le tableau qui est à gauche, cache un monument assez
ancien, et sur lequel je n'ai que peu de renseignemens
à donner. C'est le tombeau de *Thomas de Savoye*, Chanoine de la Cathédrale d'Amiens, fils de Thomas IIIe. du
nom, Comte de Maurienne, et de Guie de Bourgogne.

En sa qualité de Conseiller au conseil du Roi, il assista
au parlement tenu à la Toussaint 1315, et fut l'un des
juges dans la contestation qui s'éleva entre la Comtesse de
Bigore, et Charles, Comte de la Marche, frère de Louis
Hutin.

Il fut nommé, en 1325, l'un des exécuteurs testamen-
taires de la Reine Jeanne de Bourgogne, femme de Philippe-le-Long. Sa mort arriva au mois de décembre 1335,

Il fut enterré dans cette église. On y voyait jadis cette simple épitaphe :

« Ci gît Messire Thomas de Savoye, Chanoine de cette
» église......... lequel trépassa l'an de grace M. CCC. XXXV,
» au mois de décembre. »

Cette ancienne inscription étant disparue, quelqu'un y substitua ce distique très-moderne :

Allobrogum me jura Ducis, regimenque manebant,
Ni, Deus, antè mihi cœlica regna dares.

» J'aurais gouverné la Savoye, si Dieu ne m'avait appelé
» plutôt dans son royaume céleste. »

Mais l'auteur de ces vers donne une grande preuve de son ignorance en histoire ; car, d'une part, la Savoye était alors gouvernée par une autre branche que celle de ce Thomas ; et de l'autre, celui-ci avait, dans sa propre branche, des frères aînés, mariés, ayant des enfans qui l'excluaient du droit de succession.

Il y a, d'ailleurs, ici un anacronisme palpable dans la qualification de *Duc* de Savoye, puisqu'il est constant que cette province n'était, à cette époque, qu'un *Comté*, et qu'elle n'a été érigée en *Duché* par l'Empereur Sigismond, qu'en 1417.

Le P. Daire s'est donc encore trompé sur cet article, dans son Histoire littéraire, en l'appelant *Dumas de Savoye*. S'il eût consulté Guichenon et Du Tillet, il aurait évité cette erreur.

Le Chanoine est couché ; sa tête repose sous une corniche : il a un lion à ses pieds. Les traits de ce grand personnage ne sont plus reconnaissables. C'est à l'humidité qu'il faut attribuer les altérations qu'on remarque dans ce monument : il est placé dans une voûte pratiquée dans l'épaisseur du mur, sur la travée du milieu, au-dessus des stalles.

Ce Thomas de Savoye portait de gueules à la croix d'argent, au premier canton d'azur, chargé d'une fleur de lys d'or. L'écu de ses armes a été enlevé.

Cette chapelle était connue jadis sous le nom de *chapelle de Primes*, ou de *N. D. de la Draperie*, ou de *la Drapierre.* Elle a une assez belle sacristie boisée.

En sortant de cette chapelle, on voit à ses pieds une grande pierre bleue : elle couvre la tombe de l'Évêque Arnoult, celui qui acheva la construction de cette église, et qui, comme le dit le Chanoine de la Morlière, *mania un peu rudement le grand Bailli Geoffroi de Milly.* La plaque en cuivre qui recouvrait cette pierre sépulchrale, a eu le sort de tant d'autres : les puissances du tems la firent enlever en 1793.

En prolongeant sa promenade par le côté gauche de l'église, la première chapelle qui s'offre aux regards, est celle de St. Augustin, Évêque d'Hypone, ce docteur célèbre de l'Église, qui dut sa conversion aux conseils et aux larmes de Ste. Monique, sa respectable mère. La statue de ce saint, en relief, trois quarts, en bois, a été sculptée par le sieur Vimeu. La mitre du saint docteur a été cassée par le milieu, dans ce tems, de fâcheuse mémoire, où *les frères et amis* signalaient leur civisme républicain par la prophanation des arts et des choses saintes. Deux très-jolis confessionnaux complètent l'élégance de cette chapelle boisée et dorée.

La chapelle suivante est sous l'invocation de St. Jean-Baptiste. La statue trois quarts, en bois, de l'homme du désert, est encore sortie de l'attelier de M. Vimeu. Sa main soutient une houlette ; sur un ruban qui s'en dé-

Chapelle de St. Augustin, 7e.

Chapelle de St. Jean-Baptiste. 8e.

tache, on lit cette devise connue du précurseur de J. C.
Ecce agnus Dei qui tollit peccata mundi; (Voici l'agneau
de Dieu qui efface les péchés du monde.)

Cette chapelle ne le cède en rien à la précédente pour
l'élégance, la dorure de ses reliefs, et la richesse des
deux confessionnaux qui la décorent : elle renferme un
assez médiocre tableau qui représente une descente de
croix copiée d'après Rubens, ainsi que le tombeau de
l'Évêque Jean de Rolland, mort en 1388. On lisait sur
un beau marbre noir son épitaphe :

Hic jacet

Recolendæ memoriæ Dominus Joannes Rollandi quon-
dam Ambianensis Episcopus, doctor legum famosissi-
mus, præsulum decus eximium, pater ingenii, verecun-
dus, sobrius, castus, mansuetus, cultor pietatis, et
totius virtutis thalamus, ac christicolarum pauperum
suæ diæcesis adjutor largifluus, quos suorum bonorum
hæredes instituit, et obiit anno Domini 1388, suique
regiminis hujus ecclesiæ decimo tertio, mensis decem-
bris decimo septimo. Orate pro eo.

Chapelle
de St.
Quentin.
9ᵉ.

Nous voici à la chapelle de St. Quentin, patron de
l'ancien Vermandois. Un relief en bois qui représente le
martyre de ce saint, a pris la place de l'ancien tableau.
Ce relief a été exécuté par M. Carpentier fils, en 1783.
C'est à cet artiste distingué qu'on doit toutes les nouvelles
décorations de cette chapelle. La boiserie ainsi que les
pilastres sont d'ordre ionique. L'autel en bois est d'une
forme elliptique : les rinceaux, sur porphyre, sont d'un
très-bon genre. On regarde avec plaisir le confessionnal
en face de l'autel : l'ouvrier a figuré sur la porte un petit
calvaire, dans lequel on distingue les principaux carac-
teres

tères de la Passion. On voyait autrefois, dans cette chapelle, un porc portant chappe, et un âne revêtu d'un
habit de Cordelier. Ces peintures, symboles de la gour-
mandise et de l'ignorance, sont disparues. C'est par-là
qu'on revient du cloître du Macabré.

Le petit orgue antique, donné en 1527, dont l'harmonie était tant estimée, n'existe plus : il a été remplacé en 1783 par un positif, acheté à la paroisse de St.
Firmin-le-Confesseur.

Plus loin est la chapelle sous l'invocation de N. D. des
Sept-Douleurs ou de Pitié. Tout annonce ici la *Mater
dolorosa* des Litanies. La statue de la Vierge affligée,
dont le sein est déchiré par un glaive, est une ronde-
bosse, en pierre, sculptée par M. Dupuis (24). Cette chapelle est ornée de beaucoup d'accessoires en marbre,
d'une belle exécution et dans le goût moderne. Cette
chapelle, ainsi que celle qui lui sert de pendant au côté
opposé, furent renouvellées en 1758, aux frais et par les
soins de M. Cornet de Coupel, ancien Chanoine de cette
église, qui a dépensé plus de cent mille écus de son pa-
trimoine pour la décoration de ce magnifique temple. Le
relief en bois doré qu'on voit au bas de la statue, représente le sacrifice de Melchisédec. Toute cette chapelle,
ainsi que la parallèle, ont été exécutées par ce même
M. Dupuis. Sur la corniche de l'autel, à droite, on voit
l'Évangéliste St. Jean avec l'aigle, et de l'autre côté, St.
Marc assis sur un lion. Ces deux statues sont de pierre.
Le couronnement de l'autel est en bois doré. Les revê-
tissemens sont en marbre.

Chapelle
de N. D.
de Pitié,
10e.

_____

(24) Cet artiste, élève et filleul de Pouthieu, est mort à Paris
dans un âge très-avancé.

S

Monument.

En quittant cette chapelle on trouve, à droite près du mur, l'emplacement d'un puits nommé *le puits de sainte Ulphe*. Il fut rasé et couvert d'une pierre en 1761. On dit qu'avant la construction de la Cathédrale, il y avait une fontaine en ce lieu, où cette sainte, demeurant pour lors à Amiens, venait souvent puiser de l'eau pour ses besoins. Sur sa gauche on voit, sur un pilier, le mausolée d'un Chanoine, à genoux devant un *Ecce homo*. Les deux statues sont en pierre : celle de l'*Ecce homo* est justement admirée. On la croit de Blasset. Le Sauveur porte nne clamyde sur les épaules. On lit au bas cette inscription :

» Cy gist noble homme Antoine de Baillon, vivant
» Prebstre Chanoine de cette église......... Son decez
» arriva le XXIIII août 1644. »

Plus loin, et à droite de la petite porte qui conduit à l'Evêché, on voit un tombeau pratiqué dans l'épaisseur du mur. Il m'a été impossible de découvrir le nom du défunt, ses qualités et la date de sa mort. Son chef est couvert par une espèce de niche en style gothique, qui est soutenue par deux fuseaux horisontalement placés. Ce cénotaphe était autrefois fermé par une grille.

Chapelle de S. J. B. 11e et dern. La dernière chapelle, qui termine de ce côté l'enceinte extérieure du chœur, autrefois sous le vocable de saint Pierre, est dédiée depuis long-tems à St. Jean-Baptiste. L'autel et le pavé sont d'un très-beau marbre. L'ancien tableau de l'autel, peint par Hallé, et qui représente le baptême de J. C. par St. Jean-Baptiste, n'existe plus : on l'a remplacé par un relief en bois qui représente J. C. avec sa croix, qu'un Ange soutient, et sur laquelle on distingue sa couronne d'épines. La Ste. Vierge à gauche, et St. J. B. à droite, paraissent recommander au fils de l'Éternel, les intérêts du genre humain pour lequel il va répandre son sang et perdre la vie. On voit, au bas, deux Anges, dont l'un sonne de la trompette. Tous les personnages sont assis sur des nuages. Ce tableau a été sculpté en 1780, aux frais de M. l'Évêque de Machault, par M. Carpentier, artiste distingué de cette ville. Au bas des figures groupées, on lit en gros caractères, ce joli vers fourni par M. l'Abbé Gorin, Chanoine actuel de la Cathédrale, ancien Principal du collége d'Amiens, et membre de l'Académie.

Tantis auspicibus dabitur victoria plebi.

Sur le côté droit est la statue de St. Firmin martyr, revêtu de ses habits pontificaux, et portant une palme. Celle à gauche est St. François de Salles : ces deux statues, ronde-bosse, en pierre de Tonnerre, d'un seul bloc, ont été sculptées en 1710 par J. Le Poultier : elles ont 1 mèt. 94 centim. (6 pieds) de haut, y compris le plinthe. Tout ce qui est sorti des mains de cet artiste est universellement estimé. C'est à lui qu'on est redevable de toute cette chapelle : il en a coûté 40,000 fr. pour la réparer. Elle est fermée, tant sur le chœur que sur la nef, par deux belles grilles en fer. Noël Baron, maître particulier des eaux et forêts, en a donné une ; trois Chanoines, nommés Villeman, et deux Filleux, frères, léguèrent de quoi faire l'autre.

Les doubles colonnes et les pilastres angulaires de l'autel sont chacun d'un seul morceau de marbre cipotin, très-précieux par les accidens qu'il offre sur sa surface. Les chapiteaux des colonnes, d'ordre composite, sont

S. 2

en plomb doré. Le couronnement de l'autel, ainsi que l'entablement et le rétable, répondent à la richesse des colonnes et des soubassemens.

Cette chapelle, la plus belle et la mieux décorée de la Cathédrale, doit sa construction et ses embélissemens au fléau qui a tant de fois désolé cette cité. Le 1er. novembre 1668, la Ville, l'Évêque et le Clergé firent vœu de la bâtir pour être délivrés de la peste qui dépeuplait alors Amiens et sa banlieue. Le 22 juin 1669 il y eut une procession générale pour remercier Dieu de l'extinction de ce fléau. On renouvella, dans ce jour, le vœu de construire cette chapelle en l'honneur de St. J. B.

En 1708, on mit la main à l'œuvre. L'Évêque, le Chapitre et le Corps de ville contribuèrent chacun de mille écus. L'autel fut béni le 21 décembre 1711.

On sait comment, par qui et pour quoi St. J. B. fut décapité : l'exécution eut lieu dans les prisons du château de Macheronte ou de Sébaste, ainsi que l'a démontré le célèbre Duçange. L'Empereur Valens essaya, dit-on, vainement, de le transporter dans la ville capitale de son empire. C'est du village de Cosilaon, en Sibérie, que l'Empereur Théodose le fit retirer pour en enrichir Constantinople.

C'est dans cette chapelle qu'aux grands jours de solemnité, on expose le chef de St. Jean-Baptiste à la vénération des Fidèles. Cette tête fut apportée de Constantinople le 17 décembre 1206, sous l'épiscopat de Richard de Gerberoi, par Walon de Sarton, gentilhomme Picard qui s'était croisé, et qui avait été Chanoine de St. Georges de Constantinople. Ce Wallon de Sarton s'étant trouvé à l'assaut qui fut donné le 12 avril 1204 à cette capitale de l'Orient, trouva dans les ruines d'un vieux palais, dit palais de l'arsenal, deux grands plats d'argent, dans l'un desquels était le chef de St. Jean-Baptiste ; et dans l'autre, celui de St. Georges, ainsi que l'attestaient les inscriptions gravées autour. Il forma dès-lors le projet de les transporter en France ; mais comme ces plats étaient trop embarrassans, tant par leur volume que par leur poids, il les rompit, les vendit pour fournir aux frais de son voyage, et retint seulement les deux petits plats où ces chefs étaient enchâssés. On sait que son embarquement pour son pays suivit de près. Arrivé à Picquigny, il donna avis de ce qu'il apportait à son oncle, Pierre de Sarton, Chanoine d'Amiens, qui en avertit l'Évêque. Ce Prélat partit aussi-tôt avec son Clergé et le peuple, pour aller le recevoir à quelque distance de la ville. Les époques et le fait sont consignés dans une charte de cet Évêque, sous la date du mois de mars 1210. Wallon de Sarton fut fait, par reconnaissance, Chanoine de la Cathédrale.

Cette relique consiste seulement dans la partie du chef depuis la lèvre inférieure jusqu'au haut du front : cette dernière partie est entière : les cavités des yeux et du nez semblent être remplies de cire. Au-dessus de l'œil gauche est un petit trou en longueur, qu'on croit avoir été fait par le couteau d'Hérodias.

Le haut de la tête était couvert d'une espèce de calotte d'argent doré, émaillée et arrondie. Au bas, et à l'endroit du front, était un cercle d'or enrichi de pierreries, et de trois grosses perles agencées au milieu en forme de fleuron.

St. Jean était représenté sur la calotte de vermeil, tenant une croix d'une main, et de l'autre l'image du Sauveur, avec des caractères grecs qui forment les mots : *O Agios prodromos.*

Le chef sacré de ce précurseur était enfermé dans un

plat d'or massif, d'un pied de diamètre, donné par Isabelle de Bavière, femme de Charles VI ; le bord de ce plat était chargé de perles et de pierreries, et l'on voyait sur les extrémités, de petites fleurs de lys en relief. Le tout était couvert d'un crytal magnifique taillé en forme de tête, et accompagné de plusieurs pierres précieuses, données en divers tems par de grands personnages. On distinguait, entre autres, le fameux rubis-balai envoyé par Louis XI, le 12 janvier 1474.

L'or et les pierres précieuses qui ornaient cette relique ont été, comme tant d'autres, exposés au pillage pendant la tourmente révolutionnaire. Les puissances dévastatrices de ce tems-là se les approprièrent. C'est au sieur *Lécouvé*, alors Maire, qu'on doit la conservation du chef de S. Jean-Baptiste. Il le fit enlever secrètement, l'a conservé chez lui au risque de sa vie, et s'est empressé de le restituer à la Cathédrale aussi-tôt que les circonstances l'ont permis. Le reliquaire qui le renferme n'est pas aussi riche que le précédent ; mais c'est la chose la moins essentielle. M. *Lécouvé* est mort au commencement de cette année.

L'Abbé de Marolles disait plaisamment qu'il avait baisé, dans cinq ou six Cathédrales, le véritable chef de St. Jean-Baptiste. Il est vrai que plusieurs églises prétendent l'avoir : on en compte jusqu'à dix-sept ; mais le savant Ducange, à qui la ville d'Amiens se glorifie d'avoir donné le jour, a prouvé, dans son Traité historique du chef de St. Jean-Baptiste, imprimé à Paris en 1665, par Cramoisy, que celui que possède la Cathédrale d'Amiens est le seul véritable : et d'ailleurs il peut y en avoir des parcelles en plusieurs églises.

La veille de la fête de St. Jean-Baptiste, les vassaux de l'Évêque étaient tenus de faire, toute la nuit, la garde

autour de la Cathédrale, pour la conservation du reliquaire. La ville faisait présent aux Rois, Princes et autres personnes de marque, de médailles d'or qui y avaient
touché, et sur lesquelles était représenté le chef de ce
Saint : on en fabriquait beaucoup en argent pour les pélerins. Tous ces usages n'appartiennent plus qu'à l'histoire.

Monument.

Cette chapelle renferme le tombeau de François Faure,
l'un des plus dignes Évêques d'Amiens. Voici son épitaphe :

Épitaphe de l'Évêque Faure.

D. O. M.

*Nunquam periturœ apud nos memoriœ pastoris optimi
Francisci Faure Theologi Parisiensis, qui post exactam
juventutem in sacrâ minorum familiâ, et per annos plu-
res exercitatum christiani oratoris munus summâ cum
pietatis et eloquentiæ laude, ab Annâ Austriacâ postu-
latus ad infulas anno M. DCLI, universam Galliam
famâ sui complevit. Ad hanc sedem Regis existimatione
translatus et Regii oratorii magister, per trigenta duos
annos saluti animarum incumbens, concionibus, sacra-
mentorum administratione, privatis colloquiis omnes
parentis optimi vices agens, eâdem sœpe die sacrum
solemne, supplicationem publicam, allocutionem ad fre-
quentem populum et vespertinam orationem habuit. Per
adventum, quadragesimam, et Eucharistiæ festum octi-
duum verbo Dei prœco assiduus. Suis Ambianensibus
semper acceptissimus, à quibus nec ipsâ lue grassante
divelli potuit. Novatores perpetuò insectatus, post iteratos
sœpiùs cleri Gallicani conventus et aulica ministeria,
in quibus vix parem habuit, suo semper intentus gregi,*

instituto seminario, moribus emendatis, ampliatis ædi-
bus, 76 annos natus, dùm ad aras sistendum se manè
comparat, plenus dierum, exhaustis viribus, subitò de-
ficit Lutetiæ Parisiorum 11 mai 1687, relicto apud omnes
sui desiderio. Optimo præsuli benè precare, quicunque
hæc legis, et si ecclesiam amas, pastores similes appre-
care. Joannes Echassériau, *canonicus ecclesiæ Ambia-*
nensis hunc tumulum, memoris animi monumentum,
mærens posuit.

Total des chapelles autour du chœur. . . . . 11.

Seconde chapelle à gauche dans la croisée.

Chapelle
de S.
Sébastien.
2e.

En descendant dans la croisée, on trouve, à gauche,
la chapelle de St. Sébastien, où du pilier vert, qui sert
de pendant à celle de N. D. du Puy. Elle fut bâtie et
fondée pour acquitter le vœu fait par la ville, à l'occasion
de la peste qui régnait en 1462, sous l'episcopat de Ferry
de Beauvoir. La clôture est en cuivre. Le tableau de
l'autel, déjà fort altéré par le *tempus edax*, laisse encore appercevoir les restes d'une descente de croix qu'on
contemple avec quelque plaisir. On y remarque encore
très-distinctement la figure de Louis XIII, et celle de sa
femme. Ce tableau a été peint en 1638 par Warrin, peintre
d'Amiens. Les statues placées dans les côtés, ainsi que
celles qui sont sur l'autel, rondes-bosses, en pierre, sont
de Blasset. La figure en bas, à droite, représente N. D.
des Douleurs : elle est venue de je ne sais où, prendre
la place d'un St. Louis qui valait beaucoup mieux : il n'est
resté que le socle sur lequel on lit : *Nobilitas extulit.*
Cette statue de St. Louis, dont la draperie était regardée
comme un chef-d'œuvre, fut abatue et mutilée à la suite

d'un

d'un sermon révolutionnaire, prêché par un *frère et ami*
dans la Cathédrale, en l'an 1793.

Le pendant de la statue actuelle est un St. Roch avec
son compagnon fidèle, l'ami le plus sûr de son maître.
Au-dessus de la remplaçante est l'abondance ; au côté
opposé, la paix. On remarque dans le haut le martyr
Sébastien, d'un beau nud, percé de flèches ; sa cuirasse
ou *lorica* est à gauche ; son casque à droite. Le Saint
reçoit des mains de deux Anges, la couronne du martyre si cruellement achetée. Sur le socle qui supporte
St. Sébastien, on lit : *Triplicem medicum dat Gallia
pesti*. (La France a trois médecins qui guérissent de la
peste.) On invoque en effet contre ce fléau l'intercession
des SS. Sébastien, Roch et Louis.

La confrérie supprimée de St. Sébastien avait été éta-
blie, en 1462, par l'Évêque Ferry de Beauvoir, et par
les trois ordres de la ville. Les maîtres se renouvellaient
le 19 janvier : elle avait pour administrateurs un Chanoine, un Officier de robe longue et un bourgeois, qui
restaient trois ans en exercice. Personne ne pouvait re-
fuser la maîtrise. Tous les ans, le dimanche avant la fête
de St. Sébastien, on faisait une procession générale à
laquelle assistait le Corps de ville, et le jour de la fête
on chantait une grande messe.

Total des chapelles dans la croisée............ 2.

Monumens.

Examinons maintenant les monumens qui se trouvent
dans cette partie gauche de la croisée.

1°. A droite, contre le mur latéral, et au-dessous de la
chapelle de St. Jean-Baptiste, on rencontre le tombeau
en pierre de l'Évêque Sabatier. Ce monument, érigé à

T

la mémoire du Prélat par M. Dargnies, son grand Vicaire et son ami particulier, a été sculpté par M. Dupuis : il n'a rien de remarquable sous le rapport de l'art. Voici son épitaphe :

Épitaphe de l'Évêque Sabatier.

In pace in idipsum dormiam et requiescam.
Hîc tantum nobilis instar tumuli,
Suppresso sui nomine,
Condigno plane christianæ humilitatis exemplo,
Pontificiam ipsam dignitatem, quam vivens ornabat,
Etiam post mortem illustraturus,
Bonorum operum ac virtutum meritis clarus,
De Dei ecclesiâ optimè meritus
E vitâ decedens, suo incidi sepulchro mandavit :
Petrus de Sabathier *Episcopus Ambianensis.*
Vixit annos 78, *menses* 2, *dies* 6.
Omnibus unus amor erat pastor et pater optimus.
Sedit in pontificatu annos 26.
Obdormivit in Domino 20 *januarii* 1733.
Anima ejus in bonis demorabitur.
Caro ejus requiescat in pace.

On regrette beaucoup un petit pleureur, dont il ne reste plus que la partie inférieure.

L'aspect de ce mausolée m'aurait fait éprouver plus de plaisir, si je ne m'etais pas rappellé que c'est à l'intolérance de ce Prélat que le vénérable Chanoine Masclef, si estimé par son prédécesseur, à raison de sa science et de sa vertu, dut la perte de ses dignités, de ses emplois et les chagrins qui empoisonnèrent le reste de sa vie. Il fut accusé de jansénisme.

2°. En quittant ce mausolée, on passe devant le portail de l'Évêché ou de St. Firmin-le-Confesseur. On peut remarquer, en passant, une araignée parfaitement dessinée sur la croisée qui surmonte ce portail : elle a cinq pattes de chaque côté, et trois yeux sur la tête.

Viennent ensuite les fonts baptismaux. La pierre qui renferme l'eau régénératrice est remarquable par sa beauté, son volume et son antiquité : elle a 2 mèt. 44 cent. (7 pieds 6 pouces) de longueur ; 43 cent. (16 pouc.) de hauteur ; et 65 cent. (2 pieds) de diamètre. Aux quatre angles sont les têtes de quatre prophêtes. On ne peut plus reconnaître et lire que les noms de Zacharie et de Joël. Une tradition plausible veut que cette pierre soit antérieure à l'église actuelle, et qu'elle ait déjà servi au même usage dans la première Église cathédrale. Elle contient environ 125 pintes d'eau.

3°. En s'avançant vers le bas-côté gauche, et en face de la chapelle de N. D. de Pitié, on voit incrusté dans le mur un vieux monument gothique, faisant pendant à celui de St. Jacques-le-Majeur : il est divisé, comme l'autre, en quatre cases, et surmonté d'ogives minutieusement sculptées, ou pour mieux dire péniblement dentelées. Le nom du donateur est au bas. Dans l'intérieur de ces ogives sont plusieurs groupes de personnages de toute espèce, en pierre, autant remarquables par le grotesque de leurs figures que par la singularité des costumes dont ils sont revêtus.

Le premier groupe, à gauche du spectateur, représente l'entrée du temple de Jérusalem ; c'est pourquoi l'on a écrit au bas en lettres gothiques, ce mot, *atrium*, qui veut dire parvis ou entrée. On distingue les marches qui conduisent au temple. L'artiste a représenté J. C. armé d'un fouet, chassant les marchands et usuriers qui avaient fait de sa maison une caverne de voleurs. La terreur, le mécontentement et le désordre d'une fuite précipitée, se font assez sentir. L'un se sauve avec un cochon sur ses épaules, comme si les juifs faisaient usage de cet animal déclaré immonde par leur Législateur ; un autre emporte une cage à poulets. Ici c'est une femme qui gagne la porte avec une corbeille sur la tête et un panier au bras ; là, un banquier prêteur sur nantissement ou à la petite semaine, ramassant avec avidité ses pièces d'or et d'argent, etc. etc. On lit sur la tunique du fils de Dieu ces paroles : *Auferte ista hinc , et nolite facere domum patris mei , domum negotiationis ;* (Enlevez tout cela d'ici, et ne convertissez pas la maison de mon père en une maison de trafic.)

Le second relief représente J. C. reprochant aux marchands la prophanation qu'ils faisaient du temple. Les cérémonies saintes n'ont pas été suspendues pendant l'expédition. Il y a un sacrificateur et un bélier prêt à être égorgé. On lit au bas, *tabernaculum,* le tabernacle.

Le troisième représente la bénédiction des pains et des offrandes. L'autel des oblations annonce que cette partie du temple est ce qu'on appelait *sancta.*

Enfin le quatrième est le saint des saints, *sanctus sanctorum,* lieu où le Grand-Prêtre avait seul le droit de pénétrer. C'est-là que reposait l'arche d'alliance. Deux Anges, dont les encensoirs sont par terre, supportent les tables de la loi sorties de l'arche. On distingue un vase rempli d'eau lustrale, ou qui contient l'encens et les parfums.

Il y avait autrefois, à mi-colonnes, cinq petites statues : il n'en reste plus que deux ; savoir : celle de saint

Jean l'Évangéliste, et celle de St. Jean-Baptiste.

Au bas et vers le milieu de ce relief, on lit l'épitaphe de celui qui en fit le don à l'église : elle est ainsi conçue :

« Cy gist vénérable et discrète personne, M. maistre
» Jhan Duytz, Chanoine de céans, Chantre et Chanoine
» de l'église de N. D. de Cassel, lequel fit faire cette
» représentation, et trespassa le. . . . . . jour de no-
» vembre M. VC. XXIII. Priez Dieu pour son ame. »

L'ecclésiastique en surplis, dont on voit le buste placé au milieu de ce monument, est sans doute celui qui le fit ériger à ses frais, et non, comme quelques-uns l'assurent, celui du Chanoine de Picquigny qui apporta le chef de S. J. B.

4°. En se retournant du côté de la nef, on voit sur le dernier pilier, en face de la chapelle de St. Sébastien, un fort beau mausolée en marbre blanc, élevé en l'honneur de Charles Hémard, Cardinal et ancien Évêque d'Amiens, mort le 23 août 1540.

La représentation de ce Cardinal est très-bien exécutée. Le marbre en est fort beau. Le Pontife, de grandeur naturelle, est à genoux. Au-dessus de lui est la représentation figurée du chef de St. Jean-Baptiste.

Au-dessous sont quatre figures symboliques, également en marbre, et placées sur une ligne parallèle dans le même entablement.

La première représente la justice, caractérisée par des balances et une épée.

La seconde est la prudence, qu'on ne peut méconnaître à l'aspect de la pendule qu'elle tient de la main droite, et du mors qui est dans sa main gauche.

La troisième est la vérité, tenant un miroir et un compas.

Enfin la quatrième figure la force, sous l'allégorie d'une tour.

Ce relief est supporté par trois pilastres ornés d'arabesques, au milieu desquels se trouvent deux panneaux en belle pierre, sur lesquels on voit de fort jolies sculptures et l'épitaphe suivante :

D. O. M. et mem. œter. epitaphium Rmi. Dni. Caroli Hemardi, Cardlis. Matisc. et Ambianorum Epi.

Quem nunc jacentem Carolum Hemardum vides,
Non stema opes-ve, et bona virtus et labor
Pedetitim ad usque summa vexit munia.
A consiliis primùm ille regiis, paululum
Post, Romam ad ipsum summum Pontificem, suj
Negocia ut Regis fideliter gerat, legatus.
Adeò se utrique ei dùm præstitit,
Ut Cardinalium in numerum atque in ordinem
Acciret iste, ille Ambianœ ecclesiœ
Præficeret; in quâ compulsis litibus, ut pacis
Arrham perpetuam, corpus suum,
Animam Deo linquens sepeliendum dedit.
Obiit 23 augusti, anno ✠pi. 1540, suœ
Vero œtatis 47. anima quiescat in pace. Amen.

Chapelles du bas-côté gauche dans la nef.

Elles sont, comme celles du bas-côté droit, au nombre de six.

Chapelle
de
S. Firmin.
1re.

La première chapelle qu'on rencontre à sa droite, en s'acheminant vers le portail, est sous l'invocation de saint Firmin, premier Évêque d'Amiens : elle était autrefois sous le vocable de Ste. Brigite. L'ancienne clôture avait été donnée par François de Prouvil, Commandeur de St. Mauvis. Les décorations actuelles ont été faites par M. Vimeu en 1781. M. de Machault en a fourni les fonds.

La statue de St. Firmin, ronde-bosse, en pierre, fait honneur au statuaire. La main gauche porte un bâton pastoral, autour duquel on lit cette légende si justement appliquée : *In Christo Jesu per Evangelium ego vos genui;* (Je vous ai engendrés en J. C. par son Évangile.)

On peut encore jeter les yeux sur deux jolis médaillons placés sur deux portes qui conduisent à une petite sacristie derrière l'autel. Celui à droite représente Ste. Claire, tenant de la main droite un saint ciboire; et celui à gauche, Ste. Agnès avec un mouton à ses côtés, et un lys dans sa main gauche.

Le couronnement de l'autel, flanqué de deux candélabres d'un assez bon style, offre un Archange de grandeur naturelle, escorté de deux Anges d'un ordre inférieur, placés en relief sur un fond de beau marbre. L'Archange tient à la main l'instrument fatal qui trancha les jours du saint Pontife. L'un des deux Anges porte une palme, et l'autre tient une couronné, emblêmes de l'immortalité bienheureuse du saint martyr.

La figure et le corps de l'Archange sont élégament dessinés et sculptés. Cet habitant des cieux a quelque chose d'aërien. La critique se tait en sa présence pour ne laisser parler que l'admiration.

On expose dans cette chapelle le chef de St. Firmin, que le Chapitre fit enchâsser en 1588. Ses reliques furent mises dans une châsse d'or, sous l'Évêque Thiébauld, le 16 octobre 1157.

Le 24 septembre de chaque année, jour et fête de sac

illustre confesseur de la Foi, les vassaux de l'Évêché
étaient tenus de faire la garde toute la nuit au portail
et autour de l'Église. A midi on descendait la châsse en
présence du maitre des   de l'église, du greffier
qui lisait l'inventaire des joyaux et richesses de la châsse,
ainsi que de l'orfèvre du Chapitre qui les reconnaissait, et
en attachait de nouvelles lorsqu'on en donnait. La châsse
était ensuite portée sur le grand autel.

Le 29 avril 1577, veille de l'Ascension, la plus grande
partie des pierres précieuses et autres richesses de la châsse
furent spoliées par des mains sacriléges.

Monument.

Derrière la porte qui conduit à la petite sacristie dont
j'ai parlé tout-à-l'heure, on voit en face un petit mausolée. C'est le buste en très-beau marbre blanc, sous
la forme d'un médaillon, de François Barbotans, conseiller et aumônier du Roi, Chanoine de cette église.
Les mains jointes sont belles : la figure est noble et bien
définie. Une touffe de barbe au menton indique le siècle
dans lequel le défunt a vécu. Son épitaphe se lit sur une
pierre noire, placée en avant sur le pavé.

La chapelle suivante est celle de N. D. de la Paix, *Virgo
pacis :* elle était autrefois sous le vocable de St. Louis.

Chapelle de N. D. de la Paix. 2e.

L'ancienne clôture fut faite en 1601, aux dépens de Jean
de Sachy, ancien Maire, dont l'épitaphe et le mausolée
sont à son entrée. Elle a été renouvellée en 1768 aux frais
du Chanoine Joron. La statue en marbre blanc, donnée
en 1654 par M. Mouret, bourgeois d'Amiens; ronde-
bosse, est admirable. La draperie est dans le genre grec.
On ne peut rien de plus fini, de plus ondoyant. Je ne
saurais croire qu'elle soit de Blasset, quoique beaucoup

de

de personnes l'assurent : elle s'éloigne trop de la manière ordinaire de ce grand artiste.

La Vierge tient sur son bras droit l'enfant dont l'Ange Gabriel lui annonça qu'elle serait mère. Le petit Jésus porte une palme et une pomme dans chacune de ses mains. La mère a un bouquet de fleurs.

On lit au bas de la statue : *Son service est sy doux qu'il n'est qu'amour et joye.*

Deux fort jolis médaillons en bois, placés sur les deux côtés de l'autel, méritent un moment d'attention. Celui à droite représente St. François Xavier ; l'autre, à gauche, St. Louis. Tous deux se ressentent des ravages de la terreur révolutionnaire. La main des Vandales arracha, sans respect pour les arts, les fleurs de lys semées sur le manteau royal.

Monument.

Avant de passer à l'autre chapelle, il faut examiner un mausolée en marbre blanc, placé sur le pilier qui la sépare de celle de St. Firmin.

On y remarque la mort personnifiée, étendue dans un linceuil. La partie anatomique est bien traitée. Les armoiries en bronze, ainsi que beaucoup d'autres ornemens, ont été enlevés. Sur les deux côtés sont deux personnages à genoux. A droite, c'est M. de Sachy ; à gauche, Marie de Revelois, son épouse. Le couronnement est soutenu par quatre colonnes en marbre de couleur. Au milieu de l'entablement est la statue de la Ste. Vierge, portant l'enfant sur le bras gauche, et un petit puits de la main droite, pour faire allusion à la confrérie de N. D. du Puy, dont le défunt faisait partie. A ses pieds, un mouton indique que St. Jean-Baptiste était le patron

V

de M. de Sachy. Entre la Vierge et le défunt, se voit
un joli enfant, peut-être celui que la Ste. Vierge est cen-
sée avoir retiré du puits, ou bien l'enfant du désert, qui
ne vivait que de miel et de sauterelles : il a l'air de transmettre aux pieds du Très-Haut, les vœux et les prières
des deux époux, qui tous deux sont à genoux et en vis-
à-vis. Le mari porte une toque ; sa draperie est mieux
soignée que celle de la femme.

La mort semble soulever de son pied droit le suaire
qui l'enveloppe. On regrette que le gauche, ainsi que
l'avant-bras de la main droite qui soutient sa tête, soit
cassé.

Voici l'épitaphe au bas du mausolée :

Clarissimi, integerrimique viri
D. Domini Joannis de Sachy, civitatis hujus Ambianensis
quater quondam primi moderatoris sapientissimi, nec-
non eximiæ in hâc insigni ecclesiâ divæ Mariæ à Puteo
institutæ sodalitatis præfecti meritissimi simul et Do-
minæ Mariæ de Revelois, amantissimæ conjugis suæ,

M O N U M E N T U M.

Quisquis hîc transis stupendumque templi hujus opifi-
cium suspicis, paucis te moror, mœror quippe publicus
pius piorumque conjugum dum hîc stas litare te mani-
bus invitat. Hîc jacet D. D. de Sachy, fallor ! hîc orat,
hîc vivit clarus ne dicam opum magnitudine aut nata-
lium splendore clarior dixerim morum integritate. Abiit,
sed non obiit : vivebat ut jam-jam moriturus ; mortuus
est, et deinceps in perpetuum victurus non in ære tan-
tùm aut marmore, sed tutiùs in æternitate ; virtutum
ejus memoriâ ubique superstite. Quos obiit honores, non

ambiit, sed meruit reipublicæ vindex usquequaque acer-
rimus ; ob id dilectus regi ministrisque regis ; dilectus
cunctis salutis publicæ genuinè amicis. Uxorem suo tan-
dem junxit sepulchro , ut qui viventes erant una caro ,
uno mortui dormiant in tumulo , et in cœlis unâ jungan-
tur in gloriâ, quâ ut fruantur , viator , ora. Obiere', ille
anno Domini 1644, *die vero februarii* 9ª. *Hæc ejusdem*
mensis 25ª , *anno autem* 1662 ; *fundato quotannis in*
perpetuum obituo.

On me pardonnera d'avoir consigné ici cette épitaphe,
toute longue qu'elle est , à raison de son élégance. Heureux celui qui pourra en mériter une semblable !

Laissons ce mausolée pour entrer dans la chapelle de **Chapelle de S. Honoré, 3ᵉ.**
St. Honoré , ancien Évêque d'Amiens. Le séjour n'y sera
pas long. La statue du saint Prélat , ronde-bosse , en
pierre , par Vimeu, est le seul objet digne d'attention.
Cette chapelle est élégament boisée et dorée.

L'ancienne balustrade avait été donnée en 1596 par
Augustin de Louvencourt. La communauté des pâtissiers
et boulangers y avait sa confrérie. M. le Chanoine Coupel
l'a renouvellée en 1781.

La suivante est connue sous le nom de chapelle de St. **Chapelle de St. Salve, 4ᵉ.**
Salve. Un tableau peint à l'huile exprime le dernier sa-
crifice du Sauveur du monde.

Cette chapelle était autrefois nommée *chapelle de St.*
Crépin, et ensuite de *St. Michel.* Les cordonniers y célébraient leur fête le 25 octobre de chaque année. Elle
a été renouvellée en 1769 aux frais de M. Lucet, Chanoine.

C'est dans cette chapelle qu'on voit le crucifix miraculeux. Le 14 septembre 1776, il fut porté en procession
dans toute l'étendue de la paroisse de St. Firmin. C'est

de cette église paroissiale qu'on l'a forcé de sortir pour venir habiter la Cathédrale. Le crucifix, donné par St. Salve, porte 1 mèt. 94 cent. (6 pieds) de haut : il est couvert d'une robe longue, et son corps est entouré d'une ceinture.

Une tradition, dont je ne garantis pas l'authenticité, veut que ce crucifix ait été trouvé dans la mer, près de la petite ville de Rue, qui en possède un semblable, découvert dans le même lieu et en même tems. Ce qu'il y a de plus sûr, c'est la grande dévotion que lui portent tous les gens de mer et de rivière, tant du département de la Somme que des départemens circonvoisins.

Chapelle de N. D. de Bon-Secours. 5e.

A la chapelle dont nous sortons en succède une autre sous l'invocation de N. D. de Bon-Secours, patrone des hortillons d'Amiens. On y voit une belle Vierge, de Blasset, qui fut donnée à l'église en 1634 par Jean Quignon et Madeleine Boulet son épouse. Cette Vierge triomphe de la mort qu'elle foule aux pieds. Le socle qui la supporte offre ces paroles : *Dessus l'enfer agréable victoire.* Jean Firmin Poujol, Chanoine honoraire de cette église, y est enterré. Son épitaphe atteste qu'il est mort le 21 mai 1787 à l'âge de 72 ans.

Cette chapelle était autrefois sous le vocable de S. Jean l'Évangéliste : elle fut bâtie par l'Évêque Jean de la Grange, ainsi que l'atteste une lettre de remercîment que le Chapitre lui adressa le 7 janvier 1375, en le félicitant sur son admission dans le sacré Collége. Elle doit au Chanoine Dugard ses nouveaux embélissemens.

Chapelle 6e. et dernière.

Nous arrivons enfin à la dernière chapelle. Celle-ci est sous l'invocation du Sauveur du monde. La figure du Christ, ronde-bosse, a été restaurée par Vimeu. On lit au bas : *Salvator mundi.* J'engage le curieux à n'en pas

sortir sans avoir attentivement remarqué deux jolis confessionnaux : ils sont si bien effacés, qu'à peine les ap-
perçoit-on.

Ce fut l'Évêque Jean de la Grange qui fit commencer
cette chapelle l'an 1373, à l'endroit où les Chanoines
de St. Firmin-le-Confesseur faisaient leur office, en attendant que leur église fût construite. Par un accord fait
en 1236 et 1241, entre l'Évêque et son Chapitre, il fut
stipulé que le Curé de St. Firmin avec ses paroissiens y
feraient leur office, et que les Chanoines de cette Collégiale auraient place dans le chœur avec le Chapitre. Leur
ancienne église de St. Pierre et de St. Paul avait été
démolie pour faire place à la Cathédrale actuelle. On
voit, dans cette chapelle, le portrait de ce Prélat avec
ceux des Rois Charles V et Charles VI, dont il avait été
le premier Ministre. Son cœur y est enterré.

Les nouvelles décorations de cette chapelle sont encore dues à M. Cornet-Coupel : elles eurent lieu en 1769.
Cette chapelle est plus généralement connue sous le nom
de *Ste. Ulphe*. On voit à gauche cette Vierge, et à droite
St. Domice, son ami. Tous deux sont placés au-dessus
des portes qui conduisent à la sacristie placée derrière
l'autel.

Récapitulation des chapelles.

Bas-côté droit dans la nef. . . . . 6.
Bas-côté gauche, idem. . . . . 6.
Grande croisée. . . . . 2.
Enceinte extérieure du chœur. . . . . 11.

Total. . . . . 25.

SECTION X.

Chœur.

Cette section sera divisée en deux articles : le premier contiendra la description de l'enceinte extérieure du chœur, et le second, celle de l'intérieur.

ARTICLE PREMIER.

Enceinte extérieure du Chœur.

Plaçons-nous d'abord vis-à-vis de la grande grille qui ferme l'entrée du chœur.

J'ai déjà dit qu'anciennement il y avait dans toutes les églises, à l'entrée du chœur, une tribune élevée qu'on appelait *ambon* ou *jubé*, d'où l'on instruisait le peuple. C'est là que, dans beaucoup d'églises encore, on chante l'Évangile dans les grandes messes, ainsi que la Passion, et qu'on fait les annonces aux fidèles.

L'ancien jubé de l'Église cathédrale d'Amiens n'existe plus : sa suppression entra dans le plan des nouvelles décorations qu'elle a reçues en 1762 et années suivantes.

Ce jubé, construit en 1490 sous l'Évêque de Versé, et doré en 1613 par les soins des Chanoines Adrien de Vérité et Claude Gelé, fut démoli en 1755. Il avait 13 mèt. 64 cent. (42 pieds) de longueur en face, sur 8 m. 11 cent. (25 pieds) de hauteur. Cette masse reposait sur huit colonnes de marbre noir. La façade représentait la vie et la passion du Sauveur ; toutes les figures en étaient parfaitement travaillées. On y voyait en outre plusieurs morceaux de sculpture dans le genre grotesque. Au-dessus était une croix ornée de glaces de différentes couleurs, qui avait 6 mèt. 49 cent. (20 pieds) d'élévation. Au bas

de cette croix était une image en bosse de la Ste. Vierge,
couronnée de pierres brutes et brillantes. Devant cette
image pendait de la voûte une belle lampe d'argent,
dans laquelle un cierge brûlait nuit et jour.

C'est à cette époque qu'on supprima deux stalles de
chaque côté du chœur, pour élargir la grande porte d'entrée. La suppression frappa sur les deux qui avoisinaient
les angles de longueur. Par ce moyen on conserva les
deux belles pyramides qui sont au commencement des
stalles. Les deux chapelles de N. D. de Pitié et de St.
Jacques-le-Majeur, bénites avec le jubé en 1490, et
adossées à cet ambon, disparurent avec lui. On a élevé
à la place du jubé deux murs séparés par une grille superbe, dont tout le monde admire le dessin, la légéreté,
le fini et les savantes proportions. Partagée en deux parties égales, elles s'ouvrent toutes deux dans les grandes
cérémonies.

Le couronnement de cette grille renferme le mono-
gramme de la Vierge, entouré d'étoiles : *stella matutina*.
Un très-beau Christ en cuivre doré s'élève au centre :
le bas est terminé par deux lys, enlacés dans leurs tiges
par un ruban.

On remarque sur les deux colonnes qui supportent la
grille, deux vases de pierre dont la forme est élégante,
et qui paraissent destinés à contenir des aromates.

Cette belle grille, ainsi que toutes celles qui entourent
le chœur, ont été exécutées par le sieur Vivarais, serrurier de Corbie, d'après les dessins de M. Plod, célèbre
architecte.

Les deux massifs qui servent de dossier aux premières
stalles du chœur, et qui supportent la grille d'entrée,
ont été construits en 1761 : ils sont parsemés de cercles

en relief ; les fleurs de lys qu'on y voyait autrefois n'existent plus : elles disparurent en 1793. On devrait bien les
remplacer par des étoiles : cet heureux emblême aurait
du moins la durée du firmament.

   C'est sous l'épiscopat de M. de la Mothe que ces chan-
gemens et les nouveaux embélissemens de la Cathédrale
ont été projetés et effectués. Un arrêt du conseil d'Etat
du Roi, en date du 20 juin 1761, obtenu à la requête
de ce respectable Prélat, avait homologué la transaction
faite entre lui et le Chapitre, par laquelle le premier
s'était engagé à payer, pendant vingt ans, la somme de
2000 liv. sur son Abbaye de Valloire, et le Chapitre pareille somme pendant le même espace de tems, pour
contribuer aux embélissemens arrêtés tant pour le chœur
que pour l'église.

   Un état général des dépenses faites à ce sujet par le
Chapitre, porte, au 7 septembre 1765, une somme de
23,000 liv. 16 sous, allouée au comptable par l'Évêque
et le Chapitre.

   On peut remarquer, avant de quitter cette façade,
deux branchons mobiles, placés aux angles et sur le
haut des deux murs qui ont remplacé le jubé : ils étaient
destinés à porter les habits de chœur, tels que camail,
chappe, surplis, aumusse, etc. des Chanoines qui venaient à décéder. Toutes ces dépouilles étaient fixées
sur une nappe, et restaient suspendues à ces branchons
pendant l'espace de six semaines : on les vendait ensuite
à l'enchère dans le Chapitre, au profit de l'église et des
Chanoines survivans. Le tout s'appelait *la nappe du défunt.* Aujourd'hui lorsqu'un Chanoine est mort, on pose
sur l'acoudoir, vis-à-vis sa stalle, sa nappe et ses habits
de chœur. Le Chapitre vient d'arrêter qu'après une exposition

sition de trois jours, ces objets seront rendus aux héri-
tiers du défunt.

On parvient au chœur par un double perron en marbre de Boulogne, de trois marches chacun. Les soubassemens des deux piliers et des deux ambons sont revêtus
de marbre de couleur. Cette entrée est majestueuse.

Longeons maintenant par la droite la partie extérieure
du chœur.

Lorsqu'on a monté les degrés qui la séparent de la nef, Côté droit.
ou plutôt de la croisée, on découvre à sa gauche un monument gothique, fait de pierres taillées en bosse.

Ce monument est divisé en quatre cadres remplis de Monument,
figures groupées. Tous sont relatifs aux grandes époques
de la vie de St. Firmin-le-Martyr, depuis son entrée et
pendant son séjour à Amiens.

Dans le premier, le saint Évêque est reçu et accueilli
par les notables de la ville, à l'ancienne porte de Beauvais par laquelle il arriva. On fixe ce jour mémorable au
10 octobre 301. Le fond du cadre représente une perspective du faubourg de Beauvais tel qu'il existait alors.
On lit au bas :

> Le disième de octobre Amiens
> St. Frémin fit première entrée.
> Dont Faustinien et les siens
> Ont grande joye démonstrée.

Le second cadre rappelle la prédication de St. Firmin
dans Amiens. Le Prélat est assis dans une tribune carrée,
qui domine les groupes. Son corps, ainsi que la plupart
des figures, ont été singuliérement mutilés en 1793 par
des volontaires Belges, qui se rendaient forcément aux
frontières. On avait bien vu des soldats français aiguiser

X

à Cluny leurs sabres sur le cœur de Turenne, et d'autres
en faire autant à Strasbourg sur le tombeau du Maréchal
de Saxe ; mais il était réservé à cette époque d'anarchie
et d'impiété de voir les têtes des Saints tomber sous le
glaive militaire. Tous les monumens qui se trouvent sur
cette partie de leur passage, ont plus ou moins souffert.
Heureusement que le Maire Lécouvé, averti par M. l'Abbé
Lejeune, Chanoine titulaire de cette église, se hâta de
s'y rendre pour mettre un terme à leur brutale fureur.
On ne voit plus qu'un pan de la chappe de St. Firmin.

Ce cadre est désigné par cette inscription :

> Au peuple d'Amyens anûcha
> La sainte foi évangélique ;
> Tant que plusieurs deulx advelcha
> A tenir la foy catholique.

Le troisième compartiment représente la conversion et
le baptême de Faustinien et de sa famille. On y voyait
St. Firmin ondoyant une femme nue, plongée jusqu'au
nombril dans une cuve : il n'en reste plus que la partie
inférieure, qui a également été altérée par ces nouveaux
iconoclastes. On lit au bas :

> Faustinien, la noble Attila,
> Femme Agripin, famille, enfans baptisa.
> Avec trois fois mille
> Pour ung jour la foy confessa.

Le quatrième et dernier cadre représente le conseil
tenu entre Longulus et Valère Sébastien ; le premier,
Gouverneur d'Amiens et chef de milice pour les Romains ;
et l'autre, Préfet de la seconde Belgique sous l'Empereur Dioclétien. Ce conciliabule a pour objet de prononcer
entre St. Firmin et ses nombreux accusateurs : ces der-

niers forment l'ensemble des personnages groupés. Derrière sont des soldats ou licteurs qui paraissent déjà se
mettre en mouvement pour se saisir du saint et lui tran-
cher la tête. L'arrestation s'effectue sur la première ligne
des personnages. Au bas on lit :

Longulus et Sébastien, des ydolatres à l'instance;
Le saint martyr par faulx moyens emprisonnèrent.
     Et puis sans ce
Que le peuple en eût coignaissance, secrètement contre raison,
Firent de nuit soubs leur puissance, trenchier son chief en la
    prison.

Sur la droite de la dernière division du tableau s'élève
une tour qui est celle de la prison. Le saint Évêque est
à genoux, dans l'attente du supplice. Trois têtes groupées dans l'extrémité supérieure de la tour, se montrent
à la fenêtre : leurs yeux paraissent avides du spectacle de
la décapitation qui se prépare. Je ne dirai point si ce sont
des femmes, des grands seigneurs ou des gens du peuple,
ni combien ils avaient loué la croisée pour voir répandre
le sang d'un homme de bien. Il se peut qu'on fît alors ce
que nous avons vu se pratiquer de nos jours. Le cœur de
l'homme est inexplicable.

C'est le 25 septembre 303 que St. Firmin souffrit le
martyre dans la cave de l'ancien château d'Amiens, situé
devant l'Hôtel-de-Ville actuel (25).

_____

(25) Ce château, dont l'origine se perd dans la nuit des tems,
occupait une grande étendue de terrrein. Louis-le-Gros, voulant
diminuer et éteindre la puissance devenue trop redoutable des
Comtes et des Seigneurs, avait accordé le droit de commune à la
ville d'Amiens. Enguerrand de Bôves, lors Comte d'Amiens, irrité
d'une mesure qui contrariait ses vues et ses intérêts, se déclara

Au bas des légendes, et vers le milieu du monument que je viens de décrire, on voit, dans un enfoncement, une grande statue en pierre ; elle est couchée : c'est le tombeau de Ferry de Beauvoir, 64e. Évêque d'Amiens. Ce fut son neveu Adrien de Hénencourt, un des ayeux de la maison Lameth, Prévôt de l'Église cathédrale, qui le fit transporter de Montreuil, et qui lui érigea ce monument. En voici l'épitaphe :

> *Hîc pastor rexi ferricus, bis datus urnœ*
> *Monstreoli primùm, rursus et Ambianis,*
> *Quo me prœpositus idemque nepos Adrianus*
> *Vexit, et ornavit martyris historia.*
> *Exorate, meus quondam grex Ambianensis,*
> *Prosit ut hoc celebri me jacuisse loco.*
> *Obiit anno D.* 1472, *ultimâ februarii,*
> *Hîc translatus* 1489, *octavâ martii.*

La table de bronze sur laquelle cette épitaphe était gravée, n'existe plus. Sa disparution date de l'époque fatale pour les églises de France.

---

l'ennemi du Roi. Alors il s'empara du château, que son fils, Thomas de Marle, sujet exécrable, défendit long-tems à l'aide du châtelain Adam et de la garnison qu'il y avait placée. Louis-le-Gros vint faire en personne le siége du château, et l'ayant pris par famine après un blocus de trois ans, il le fit raser de fond en comble. L'Évêque obtint seulement du monarque la conservation de la cave où St. Firmin avait perdu la tête. Plus tard on y construisit l'église paroissiale de St. Firmin en Castillon qu'on vient de démolir. Ce mot de *Castillon* est un diminutif de celui de château ; il dérive de *castellum*, petit château. Suger donnait à l'ancien château le nom de *Chatillon*, parce qu'il n'était plus aussi vaste que du tems des Romains. De *Chatillon* on a fait plus tard *Castillon*.

L'intérieur de l'arcade du tombeau renferme la représentation des douze Apôtres, portant chacun dans la main
un lambel sur lesquels sont distribuées les paroles du *Credo*, dit symbole des Apôtres, pour le distinguer de celui
de Nicée.

Vis-à-vis la tour de la prison où St. Firmin reçut la couronne du martyre, se voit encore cet Adrien de Hénencourt, connu par ses bienfaits envers l'église et les pauvres :
il mourut le 4 octobre 1530, et fut enterré près de son
oncle maternel. Les vers suivans en ont conservé la mémoire :

> *Flete senes, plorate viri, lugete puellœ;*
> *Vester Henencorius nunc Adrianus abest.*
> *Ille Decanus erat, populi pater, urbis amator,*
> *Huic templo cultum religione dedit.*
> *Vixerat ut tandem moriturus, mortuus hic est*
> *Ut vivat; virtus sic modò morte viret.*

Traduction libre.

« Vieillards, hommes, jeunes filles, confondez vos lar
» mes : votre ami Adrien de Hénencourt n'est plus. Doyen
» de cette église, père du peuple, ami de la ville, la reli
» gion lui confia le soin d'un de ses plus beaux temples.
» Après s'être toujours préparé à la mort, il a fini par la
» subir, mais pour vivre d'une vie nouvelle. La vertu
» s'énorgueillit d'une pareille mort. »

Donnons un nouvel aliment à la curiosité qui nous ap-   2e,
pelle dans ce temple vénérable.   Monument.

Plus loin, et sur la même ligne, se trouve un second
monument dans le genre de celui que je viens de décrire.
Il consacre une époque célèbre dans les fastes de cette
église ; c'est l'invention du corps de St. Firmin-le-Mar-

tyr. La tradition du lieu de son ancienne sépulture s'était peu à peu totalement perdue. Son corps fut enfin trouvé long-tems après dans l'église de St. Acheul-lès-Amiens, ancienne et première Église cathédrale.

Ce monument, comme celui qui le précède, est partagé en quatre divisions ou compartimens.

Dans la première, St. Salve, Évêque d'Amiens, exhorte du haut de sa chaire, son peuple à prier Dieu pour obtenir la découverte du corps de St. Firmin.

Remarquons en passant que les femmes seules sont assises sur des plians, espèce de siéges dont l'usage s'est conservé jusqu'à nous dans ce diocèse et dans plusieurs églises du nord de la France.

L'inscription suivante indique le sujet de ce cadre :

> Saint Saulve son peuple incitoit
> De faire à Dieu prière pure,
> Desirant savoir où estoit
> De St. Firmin la sépulture.

Dans la seconde division se voyait, il n'y a pas encore long-tems, le rayon lumineux qui indiqua à St. Salve l'endroit où était inhumé le corps de St. Firmin. Ce rayon, dit la Morlière, vient darder sa lumière justement sur le tombeau du glorieux martyr. Ce signe céleste n'existe plus ; mais on remarque encore l'étonnement des spectateurs à la vue de ce prodige. On lit au bas :

> St. Saulve en eslevans ses yeux,
> Apperchent du thrône divin,
> Comme un rais du soleil
> Dessus le corps du martyr St. Frémin.

Le troisième cadre, le plus dégradé de tous, repré-

sente quatre Évêques faisant l'exhumation du corps. C'est
ce qu'atteste l'inscription suivante :

> Quatre Évêques, Beauvais, Noyon,
> Cambray, Thérouenne aidant Dieu
> Viendrent voir ceste invention ;
> Évocquez par l'odeur du lieu.

L'inscription du quatrième cadre rappelle le transport
solemnel dans Amiens, de la châsse où l'on avait mis la
dépouille mortelle de St. Firmin.

> A St. Achœul en châsse mys :
> Fut puis en Amyens apporté.
> Plusieurs malades la transmys :
> Le dépriant eurent sancté.

Ce monument fut placé l'an 1489, par les soins et aux
frais d'Adrien de Hénencourt, alors Prévôt de cette église.
C'est au-dessous de ce relief que se trouve son tombeau.
La statue qui le représente est couchée sur le *stratum*.

On voit sur la surface de ce panneau du chœur, plusieurs médaillons très-mutilés : ils paraissent avoir eu
pour destination primitive, de consacrer diverses actions
de St. Salve, comme Prêtre, comme Docteur, et ensuite
comme Évêque.

Nous ne quitterons pas cette partie extérieure du chœur 3e.
sans avoir arrêté nos regards sur un autre monument Monument.
placé entre celui qui vient de nous occuper et la grille
latérale qui défend l'entrée dans le sanctuaire : il est
adossé à un pilier.

Ce mausolée a été placé là, pour transmettre aux gé-
nérations les plus reculées, la mémoire d'un nommé
Charles de Vitry. Son cœur y est renfermé. On voit sur
un obélisque, le Christ enfant, tenant une croix de fer

dans les mains, et écrasant du pied droit le serpent maudit ; deux têtes d'Anges semblent supporter le Christ avec leurs ailes. Tout ce monument est en beau marbre blanc. C'est assez en faire l'éloge, que de l'annoncer comme un des derniers ouvrages du célèbre sculpteur Blasset. On lit avec plaisir son nom sur la plinthe qui porte le Christ.

Ce Charles de Vitry était Receveur des Gabelles : il est mort le 18 août 1670 ; mais le monument érigé à sa mémoire n'a été placé qu'en 1705.

La seule chose importante de l'épitaphe qui est en bas, et dans laquelle les noms et qualités de Charles de Vitry sont exactement rappellés, c'est qu'il a donné, *en mourant*, trois mille francs, pour contribuer à la restauration de la chapelle de St. Jean-Baptiste. Cette somme était considérable pour le tems. Nos financiers modernes ont bien hérité de ses talens ; mais non de sa générosité envers l'église. Au surplus il faut les attendre au moment où les remords parlent plus haut que l'*auri sacra fames*.

En parcourant notre route, ne manquons pas de regarder et d'admirer les grilles de fer qui servent d'entourage au Sanctuaire : elles sont en grande partie de la main du Sr. Vivarais.

Le couronnement de la porte qui introduit dans le sanctuaire, offre la tête du Sauveur rayonnante de gloire. L'entourage du médaillon qui la contient est un mélange de roses, d'épis, de tournesols et d'autres fleurs.

La grille qui succède à cette porte, contenait un médaillon encadré dans un couronnement. C'était le portrait et les armes de M. de la Mothe, Évêque d'Amiens.

Tout saint qu'était ce Prélat, il n'avait pas dédaigné cette apothéose. L'Ecusson armorié a provoqué pendant

la

la révolution, le déplacement et la perte de ce médaillon.

Au bas de cette grille, vers le milieu du mur, à hauteur d'appui, on lit l'épitaphe de l'Évêque Versé, mort en 1500. Son corps fut inhumé au-dessus de la porte collatérale du chœur, à droite, et l'on mit sur sa tombe cette épitaphe :

Petrus hîc est Versé *Burgundia quem sibi natum*
Ex Poligniaco vexit ad Ambianos.
Hîc præsul statuit cantari Virginis Horas ;
Multaque largifluus contulit ecclesiæ.
Obiit anno Domini 1500 , februarii die 10.

C'est ce Prélat qui avait fondé une aumône publique d'un bœuf en pièces et d'un muid de blé en petits pains. La distribution s'en faisait tous les ans le 24 février, à l'évêché, sur les huit heures du matin. Depuis l'établissement de l'hôpital général de S.-Charles, cette aumône lui a été fournie en argent par ordonnance de M. Faure, Évêque de cette ville.

La grille suivante n'offre à l'admiration qu'un très-joli médaillon renfermé dans un couronnement agréable : ce sont des pampres de vignes et de raisins, autour desquels on voit des guirlandes de fleurs artistement placées et groupées.

La dernière grille supporte le côté droit de la gloire du grand autel : elle est peinte en noir. On apperçoit des reliques dans un enfoncement pratiqué au bas.

Le monument placé derrière le maitre-autel, en face de la chapelle paroissiale, va nous retenir un peu plus long-tems. C'est là que les curieux, que les étrangers aiment à s'arrêter.

4°.
Monument.

Y.

Contemplons d'abord une statue d'un beau marbre blanc : c'est l'effigie d'un Chanoine de cette église , nommé Guillain Lucas , mort en 1628. La reconnoissance , vertu devenue si rare , lui érigea ce mausolée. Il avait été bienfaiteur de cette superbe basilique. C'est à la chrétienne philantropie de cet homme vertueux qu'on a dû l'institution d'une école dite des orphelins ou des enfans-bleus. Par codiciles des 14 septembre , 29 décembre 1627 et 14 août 1628 , cet Ecclésiastique laissa quatre mille livres de rente , en faveur des pauvres orphelins de la ville. Suivant son intention on construisit , dans la rue Neuve St. Denis , un bâtiment en état de contenir les enfans orphelins et le prêtre chargé de les instruire. On lisait sur le frontispice : *Maison et École des pauvres enfans Orphelins* , avec cette devise : *Orphano tu eris adjutor.*

Les enfans des deux sexes furent d'abord au nombre de douze. La diminution du revenu fit exclure plus tard les filles. Ces orphelins portaient pour marque distinctive , un bonnet et une robe bleue qu'on renouvellait tous les ans. On leur distribuait chaque mois un écu de trois livres. La maison ne les gardait que pendant douze ans. Les premiers administrateurs furent Jean et Antoine Lucas , neveux du fondateur , et enterrés à côté de lui. Au défaut de parens qui avaient droit à la préférence , le Chapitre choisissait trois administrateurs. Cet établissement utile s'est enseveli comme tant d'autres dans les gouffres de la révolution. *Sic vos non vobis nidificatis aves.*

Le Chanoine Lucas est représenté à genoux , en costume canonial. Cette statue , ronde-bosse , fait honneur au ciseau qui l'a modelée.

En face du Chanoine est une sainte Vierge en marbre , tenant l'enfant Jésus dans ses bras. Je la crois d'emprunt :

la qualité du marbre n'est pas la même : elle ne lui jamais destinée pour figurer dans ce monument.

C'est au milieu de ces deux statues que se trouve le chef-d'œuvre de Blasset , connu de tout le monde sous le nom du Génie ou de l'Enfant Pleureur. Sa main droite repose sur une clepsydre , et le coude gauche sur une tête de mort parfaitement anatomisée , et couverte encore des débris d'un linceuil. Tout est admirable dans cette charmante créature : expression , attitude , proportions , anatomie , tout enchante. Jamais la douleur n'a parlé un langage plus expressif : il l'inspire au spectateur à force de la sentir lui-même. On la partage sans chercher à s'en défendre. En regardant long-téms avec un œil fermé ce Pleureur, il parait laisser couler des larmes plus abondantes. Qu'un autre décide lequel l'emporte ou du génie qui a conçu cette charmante figure , ou de la main qui l'a fait sortir d'un bloc informe de marbre ! Un sabre impie en a mutilé le nez et cassé le pied. Heureusement que la tête est restée intacte. Le même coup brisa l'épitaphe du Chanoine. L'indignation publique nomme encore le malheureux qui osa compromettre ce chef-d'œuvre de l'art. Combien le silence des lois est funeste et dangereux ! *Discite , moniti, non temnere divos.*

On s'intéresse encore plus à cette petite statue, lorsqu'on sait que , sous la figure d'un jeune orphelin, ses larmes arrosent les cendres de l'homme respectable qui consacra sa vie et sa fortune au soulagement et à l'instruction de l'enfance malheureuse et abandonnée. Cet angélique Pleureur est tellement apprécié , que plusieurs fois des étrangers ont proposé au chapitre de l'échanger contre un poids égal d'argent massif.

Y 2

Le danger auquel ce chef-d'œuvre de sculpture avait
été exposé, et ceux qu'il pouvait courir encore pendant
le règne douloureux de l'anarchie et de la terreur,
déterminèrent les personnes qui avoient la garde de
l'église, à le mettre secrétement en lieu de sûreté. On
le transporta de nuit à la bibliothèque publique, placée
pour lors dans la ci-devant abbaye des Prémontrés,
convertie maintenant en Lycée ; là on le cacha derrière
de vieux bouquins, avec plusieurs manuscrits et chartes,
tels que le *Cartulaire* de Ponthieu, etc. La conservation
de ce Cartulaire très-précieux est due au zèle estimable
de M^r. Levrier, juge en la Cour d'appel d'Amiens, qui
parvint à le soustraire aux flammes, ainsi que plusieurs
pièces intéressantes qui étaient réunies aux archives du
bureau des finances de cette ville.

J'ai fait rentrer cette année aux archives du département, ce Cartulaire de Ponthieu, ainsi que celui de
l'abbaye de Valloire, qui se trouvaient dans un dépôt
à Abbeville.

Trois têtes d'Anges groupés se détachent avec élégance de la base du couronnement. On voit au-dessus
une tête de mort en marbre, et deux autres Anges
assis sur les extrémités du fronton. Toutes ces figures
invitent à la tristesse, par les larmes qu'une douleur
vivement sentie parait leur faire répandre.

Tout ce mausolée est de Blasset : il fut posé le
6 juin 1637.

Au bas, dans un enfoncement, se trouve le cénotaphe
en marbre blanc, du Cardinal de la Grange, Évêque
d'Amiens : son corps repose au côté gauche du sanctuaire.
C'est en 1757 que s'effectua derrière l'autel, la translation
de ce monument érigé à sa mémoire.

Aux deux côtés sont les tombeaux et les épitaphes de deux Chanoines, neveux de ce M. Lucas. A droite, et en face, est celui de Jean-Baptiste le Scieure, pénitencier ; à gauche celui d'Adrien de Pecoul, Docteur en médecine et Archidiacre du Ponthieu : ce dernier tombeau est singulier par les ornemens gothiques dont il est surchargé.

Passons à présent au côté gauche du chœur, et donnons, chemin faisant, un moment d'attention aux différentes grilles qui ferment le sanctuaire. Toutes sont des chef-d'œuvres en leur genre : elles sont de différens maîtres : c'est sur-tout par la délicatesse et la légéreté de leurs couronnemens, que les artistes qui les ont dessinées et façonnées, ont voulu signaler leurs talens et perpétuer leur mémoire.

Côté gauche.

Lorsqu'on a dépassé la porte latérale du sanctuaire, on se trouve vis-à-vis de deux monumens qui servent de pendans à ceux qui rappellent la vie de St. Firmin, dont j'ai précédemment parlé.

5e. et 6e. Monumens.

Tous deux sont consacrés à l'historique de la vie de St. Jean-Baptiste, et divisés en quatre cases.

Il faut commencer notre examen par celui qui est le plus près de la nef ; parce qu'ils sont placés pour être considérés en entrant dans l'enceinte extérieure du chœur par le portail de St. Firmin, et que l'un fait suite à l'autre.

La première division à droite, représente la première prédication de St. Jean-Baptiste dans le désert. Le précurseur de Jésus annonce la parole de Dieu dans une forêt, et sous de grands arbres dont l'ombrage était si nécessaire dans le brûlant climat de la Palestine. Une traverse de bois horizontalement placée sur deux embranchemens, lui sert de point d'appui pour reposer ses bras. On ne connoissait pas alors les boudins de velours rembourrés de crins dont nos chaires actuelles sont ornées. Le Prédicateur est entouré d'hommes et de femmes qui écoutent dans un respectueux silence un langage nouveau pour eux. Le sujet du tableau est expliqué par ces vers :

> Sainct Jhan preschoit au désert par constance,
> Afin que on fit de ses péchés pénitence. 1531.

Le second cadre expose le baptême du Messie si long-tems attendu, par le ministère de St. Jean. Les pieds du Sauveur des nations sont plongés dans les eaux du Jourdain. L'eau de la coquille se répand sur sa tête : c'est à la fois le baptême d'aspersion et d'immersion. L'Ange placé à gauche tient sur ses genoux la tunique de son divin maître. Sur le haut et par derrière, se montre Dieu le Père, avec une barbe vénérable et les autres attributs de son éternelle vieillesse. Deux Anges qui l'entourent, supportent une banderolle sur laquelle on lit ces paroles : *Hîc est filius dilectus meus;* (Voici mon fils bien aimé.)

Ce cadre se termine ainsi :

> Jhe-us entre au fleuve du Jordain
> Où baptême eult de St. Jhan pour certain.

Le sujet de la troisième division est une autre prédication de l'homme du désert. Le lieu de la scène est encore une forêt. Bornons notre examen à regarder une singularité digne de fixer un moment l'attention ; c'est celle des costumes divers que portent les personnages qui figurent dans ce tableau. Tous font partie d'une ambassade à qui St. Jean rend compte de sa personne et de ses œuvres. On distingue entr'autres un jeune Page dont la tête n'existe plus ; mais qui porte un baudrier auquel est suspendu un sabre : son corps est couvert d'un juste-au-corps à courtes manches, sur lequel il y a beaucoup de petits grelots. On peut croire que l'agitation et le son de ces petites sonnettes avaient pour objet d'annoncer la présence ou plutôt l'arrivée des Princes, Rois ou grands Seigneurs, au service de qui ces Pages étaient. Les passans recevaient alors un avertissement à peu près semblable à celui que donnent les chevaux qui conduisent des traineaux dans le Nord sur la neige ou la glace : leur marche n'est annoncée que par le bruit des nombreux grelots dont leurs harnois sont chamarrés.

On lit au bas de ce cadre :

Interrogué sainct Jhan qui il estoit,
Que estre voix quy par désert preschoit.

Enfin le quatrième compartiment représente une autre prédication de St. Jean, pendant laquelle le fils de Marie, vient le voir et l'entendre. On distingue dans l'assistance, un grand personnage assis et soutenu par un de ses gens : c'est probablement le cruel et incestueux Hérode.

On lit au bas :

Sainct Jhan voyant Jésus vers lui marcher,
Veci le agneau, (dit-il), de moi très-cher.

Le panneau du mur dans lequel ce monument se trouve enclavé, est rempli de médaillons en relief plus ou moins bien conservés : ils indiquent les circonstances les plus mémorables de la vie de St. Jean-Baptiste, telles que sa naissance miraculeuse, sa présentation à l'officier public qui écrit son nom sur le registre aux actes civils, et sur lequel on lit encore ces mots : *Joannes est nomen ejus;* (Jean est son nom); plus, sa circoncision, etc, etc.

Quelques pas plus loin sur sa gauche, se trouve, sur une ligne parallèle, le second monument qui complète l'histoire de St. J. B.

Le premier cadre indique les courageuses remontrances de St. Jean à Hérode sur son commerce incestueux avec la femme de son frère; son arrestation et son incarcération pour prix de son zèle : la tour de la prison où il va terminer sa carrière, occupe une grande place dans ce compartiment. Les vers suivans annoncent le sujet du tableau :

> Pour argüer Hérode de adultère,
> St. Jhan fut mis en prison fort austère.

On distingue dans la section suivante, ce festin fameux où la fille de Hérodiade, à l'instigation de sa coupable et vindicative mère, demande au Roi Hérode la tête de J. B. pour prix de la danse lascive qu'elle vient d'exécuter.

On lit au bas :

> De Herodias la fille demanda
> Le chef de sainct Jhan, Hérode le accorda.

Le troisième cadre offre la décollation du fils d'Élisabeth à la porte de la prison. La trop séduisante danseuse reçoit, dans un plat, la tête ensanglantée : ce tableau fait horreur par l'affreuse vérité de son exposition. Avant de passer au dernier, lisons :

> En prison fut sainct Jhan décapité
> Pour avoir dit et presché vérité.

Le quatrième et dernier cadre rappelle enfin le moment où le chef du saint précurseur fut apporté sur la table des cannibales. Hérode et sa concubine sont assis

devant

devant elle. Au moment où cette infâme plonge le couteau sur le front pour en diviser le crâne, sa fille, comme
frappée par une main invisible, tombe sans vie et sans
mouvement dans les bras d'un laquais qui la soutient.

> Le chef de sainct Jhan fut à table posé;
> Puis d'un couteau dessus l'œuil incisé.

Le lecteur a déjà remarqué que tous ces vers ne sont
pas sortis de la plume de Jacques Delille.

Les reliefs dispersés sur le mur d'en bas sont au nombre de cinq.

Le premier, à droite, figure la première inhumation
de St. J. B. par les mains des prophanes.

Le second, sa seconde inhumation par les fidèles.

Le troisième, les feux de joie qu'on allume la veille
de sa fête ; *et in natiritate ejus gaudebunt multi.* C'est
le 23 juin 1656 que l'Évêque Faure institua, dans tout
son diocèse, la manière religieuse d'allumer ces feux,
ainsi qu'elle est portée dans le Cérémonial. Si j'avais l'honneur d'être le dépositaire d'une portion de l'autorité publique, cette cérémonie aurait lieu tous les ans, dans
toute l'étendue de ma juridiction, la veille du jour où
le plus grand des hommes parmi les enfans des hommes,
naquit pour le bonheur et l'honneur de la France.

Le quatrième annonce l'abondance extraordinaire des
fruits de la terre, obtenue par l'intercession du saint.

Enfin le cinquième indique la présentation du chef de
St. Jean-Baptiste faite à l'église d'Amiens par Wallon de
Sarton.

Ces deux monumens, élevés en 1531, sont mieux conservés que ceux du côté opposé, par la raison que, placés
sur la partie gauche du chœur où il ne se trouve aucune

Z

porte, ils ne reçurent pas la visite des Vandales des ans
2 et 3 de la République.

Avant de les quitter, on doit donner un moment
d'admiration à la beauté du travail qui couronne les
différentes ogives où sont les groupes que je viens de
détailler.

**Monumens
détruits.**
Tout le pourtour du chœur où l'on voit des grilles
modernes, était autrefois orné de monumens historiques et
allégoriques, dans le genre de ceux qui subsistent encore.

Le premier à la suite de l'histoire de St. Jean, placé
à l'endroit où se trouve maintenant la porte latérale du
chœur, rappelait le départ de ces douze généreux Romains qui sortirent de Rome vers la fin du 3e. siècle,
pour venir prêcher l'Évangile dans les Gaules, tels que
Saint Crépin et St. Crépinien à Soissons, St. Lucien à
Beauvais, St. Fuscien et St. Victorice à Amiens, etc.

Cet ouvrage dû aux libéralités de l'Évêque Longvy,
fut démoli et remplacé par une grille et une porte de
fer en 1761.

Plus loin était représentée, dans le même genre, la vision
du Paradis, d'après le texte de l'Apocalypse.

Cet ouvrage singulièrement remarquable par sa beauté
et par sa conservation, avait été donné au commencement du 17e. siècle, par Nicolas Gauchant, Chanoine
et Pénitencier de cette église, mort le 12 février 1616.
C'est de ce donateur, né dans la rue du Hocquet, que
vient, dit-on, ce proverbe d'Amiens : *Enfans du Blocq,
secourez le Hocquet*. Ce monument fut remplacé par
une grille en 1761.

Plus loin, en remontant vers la petite paroisse, étaient
deux mausolées dans une petite voûte de pierre, soutenus par quatre colonnes, et défendus par un grillage

de fer. Le premier était celui de l'Évêque Jean de Boissy, et le deuxième celui du Cardinal Évêque Jean de la Grange, son oncle. Leurs tombeaux furent déplacés tous deux en 1751, pour recevoir la grande grille donnée par le Chapitre.

Plus loin encore, était représentée l'arrivée des Saints Victorice et Fuscien dans la ville d'Amiens ; l'accueil qu'ils reçurent de St. Gentien ; leur martyre, et l'invention de leurs corps. Tous ces monumens construits en 1551 aux frais du Chanoine de la Tour, furent détruits deux cents ans après, et remplacés par une grille.

La grille suivante a été donnée par M. Coupel, Chanoine.

Derrière le maître-autel, était le tombeau de l'Évêque Arnould, celui qui traita si mal le Bailly Geoffroi de Milly. On y voyait des clochers et des galeries, en souvenir de celles qu'il avait fait construire de son vivant. Entraîné par le mouvement général qui se faisait autour de lui, on le força de céder sa place au Cardinal de la Grange. Cette préférence est répréhensible. L'Évêque Arnould avait plus fait pour cette église que la Grange. C'est ainsi que les derniers venus chassent les premiers. Les enfans oublient les bienfaits qu'ont reçu leurs pères.

Au côté droit, en tournant, était un monument qui représentait le pieux Samaritain de l'Évangile, exerçant la charité sur un pauvre blessé au chemin de Jéricho : il fut remplacé en 1768, par une grille dont le même M. Coupel fit présent à l'église.

Venait ensuite l'histoire de la Nativité de la Sainte Vierge : ce monument fut supprimé en 1752, et remplacé par deux grilles.

A celui-ci succédait le mausolée de l'Évêque François

de Halluin , qui s'élevait en pyramide jusqu'au cordon des piliers. On voyait au milieu de ce bel ouvrage, le tombeau du Prélat , sous un superbe dôme soutenu par quatre colonnes artistement travaillées. Ce monument d'orgueil élevé par Halluin , de son vivant, ne lui servit pas de sépulture , puisqu'il fut enterré à l'abbaye du Gard où il mourut en 1538. Ce tombeau subit la loi commune en 1751. Une grille l'a remplacé.

Près de ce magnifique mausolée , était la représentation de Notre-Seigneur, faisant sa prière au jardin des Olives.

A côté se trouvait le tombeau de l'Évêque Versé. Une grille donnée par M. de la Mothe , dont le médaillon représentait sa figure et ses armes , a pris leur place.

Sur la porte collatérale était autrefois la chambre du Guidon , et un réveil pour sonner régulièrement les matines. Le tout donné par Adrien de Hénencourt , a cessé d'exister en 1761 , pour être converti en une grille.

Article second.

Partie intérieure du Chœur.

Il faut, pour me comprendre, entrer avec moi dans le chœur par la grande grille qui le sépare de la nef.

Parlons d'abord des stalles.

Stalles. Les stalles de droite et de gauche sont ce qui frappe le plus les regards, et ce qui mérite le plus d'attention. C'est un des plus rares et des plus beaux morceaux de ce genre : elles sont maintenant au nombre de 116; savoir, de chaque côté, 1°. 4 de front ; 2°. 27 en haut ; 3°. 27 en bas. Total. . . . . 116.

En avant des stalles il y a, des deux côtés, six escabelles

sans dossier pour les enfans de chœur; la forme en est
simple, solide et agréable.

J'ai déjà dit que lors de la démolition du jubé et de
l'agrandissement de la porte d'entrée, on avait supprimé
deux stalles de chaque côté, tant en haut qu'en bas. Ce
fut alors qu'on acquit la conviction qu'il n'est réellement
entré ni cloux ni chevilles dans l'assemblage du nombre
infini de pièces qui composent ce chef-d'œuvre de sculpture. Tout se tient par mortaises et par tenons, et se
trouve emboîté à la colle. Il semble qu'on ait voulu épui-
ser la patience et l'adresse des ouvriers, tant par la prodigieuse variété que par le fini des décorations qui les
embélissent. Tout cet ouvrage est orné des histoires en
relief de l'ancien et du nouveau Testament, ainsi que
de celle de la Ste. Vierge. Pour peu qu'on soit versé dans
la connaissance des livres saints, on reconnaîtra facilement les principaux personnages, et l'on saisira sans peine
les diverses allégories que la main du dessinateur y a
répandues. Le détail en serait immense; il formerait à
lui seul un volume. On y remarque sur-tout un très-beau
St. Jean-Baptiste; la sculpture en est admirable.

Les quatre bouts des stalles sont terminés par des pyramides fort élevées, percées à jour, et chargées, tant
dans l'intérieur qu'extérieurement, d'une multitude de
figures et d'emblémes en bois élégament sculpté. La représentation des quatre Évangélistes domine au haut de
chacune.

Cet ouvrage fut commencé le 3 juillet 1508, et achevé
le 10 février 1519. Adrien de Hénencourt, lors Doyen
de la Cathédrale, homme riche et bienfaisant, en fit les
frais. Arnould Boullin et Alexandre Huet, maîtres me-
nuisiers de la ville d'Amiens, en ont été les principaux

entrepreneurs. Le conducteur en chef de l'ouvrage fut un très-habile ouvrier nommé Jean Turpin : il gagnait par jour sept sols tournois ; son second, trois sols. Les ouvriers subalternes gagnaient encore moins. Cet ouvrage a coûté 9488 liv. 11 s. 3 d. On n'en ferait pas faire de semblables à présent pour 50,000 écus.

Le bois de châtaignier et de chêne qui a servi à leur construction, fut pris dans les forêts de Neuville en Hainault ; dans une autre forêt près Clermont en Beauvoisis ; et le reste dans les bois du Chapitre. Comme on en manqua pour les achever, le surplus, venant de Hollande, fut acheté par le Chapitre à Abbeville et à Saint-Valery. Les vers n'y ont fait aucune piqûre. C'est une très-bonne idée que, dans un tems où l'on semblait préférer par-tout le joli au beau, on n'ait ni peint ni vernissé ces stalles et toute la boiserie. L'aspect en est plus sombre, plus imposant, plus majestueux : on découvre mieux le fini de l'ouvrage.

Ce devait être un très-beau spectacle que de voir toutes ces stalles remplies par des Ecclésiastiques, en surplis bien blancs, bien plissés, l'aumusse au bras, chantant humblement les louanges du Seigneur, et d'entendre la voix argentine des enfans de chœur se nuancer avec celles des basses-tailles, des ténors, des hautes-contres et des instrumens de musique. Mais les beaux jours de l'Église sont passés ; le céleste époux paraît l'avoir oubliée. Sion est dans la tristesse. On ne voit plus qu'un petit nombre de lévites dans une solitude immense. Un ouragan terrible, provoqué depuis long-tems par des torts, par des abus, par la jalouse envie, l'a dépouillée de ses biens ; ses richesses acquises à travers tant de siècles, ont enrichi des millions de particuliers, sans

bénéfice pour l'État. Ainsi s'est vérifié ce passage pro‑
phétique de St. Bernard : *Virtus peperit divitias , et filiæ
ejus suffocaverunt matrem suam.* Il est à desirer qu'on
dote plus avantageusement les Églises cathédrales , et
qu'on les mette à même d'élever et d'entretenir des en‑
fans de chœur, ces fécondes pépinières pour la musique
et les théâtres , et qu'on puisse donner aux cérémonies
la pompe et la majesté qu'elles avaient autrefois. L'espé‑
rance d'avoir de nouveaux *Grétry*, de nouveaux *Legros*,
devrait faire rétablir la source d'où ils sont sortis. On ne
donne aucune suite au décret qui rétablissait les enfans
de chœur et les maîtres de musique. Je desirerais que les
nouveaux Chapitres cathédraux ne fussent composés que
d'anciens curés ; et que ces hommes qui ont passé leur
vie pastorale à former de bons et honnêtes citoyens, à
pacifier les familles , à consoler les affligés , à prêcher
l'ordre et l'obéissance aux lois, le respect et l'amour en‑
vers le Souverain de l'Empire , pussent au moins, au dé‑
clin de leurs jours et dans l'âge des infirmités , trouver
un paisible asyle, et mourir sans éprouver les horreurs
du besoin. Qui pourrait alors blâmer les biens qu'on ver‑
serait sur eux ?

Le lutrin ou l'aigle , d'un beau cuivre blanc , fut donné **Lutrin.**
en 1341 , par Millon de Bonaville.

Le payé du chœur et du sanctuaire est tout en beau **Pavé.**
marbre et d'un dessin estimé. C'est M. de la Mothe d'Or‑
léans qui en fit les frais en 1766. Ce Pontife vénérable
est enterré dans le chœur, en face du sanctuaire. Ses
entrailles sont dans le cimetière de St. Denis , commencé
en 1579, achevé en 1584. Son épitaphe atteste qu'il est
mort le 10 juin 1774, à l'âge de 90 ans. Ses armoiries et le
nom d'*Orléans,* ont été effacés par les ennemis des Blasons

et d'une famille dont le chef a mérité le mépris et l'éxé-
cration de ses contemporains. Ce Prélat n'avait cependant
rien de commun avec la famille du Prince d'Orléans.

Sur un des carreaux qui fut posé par ce Prélat, dans
le chœur, on a gravé l'inscription suivante :

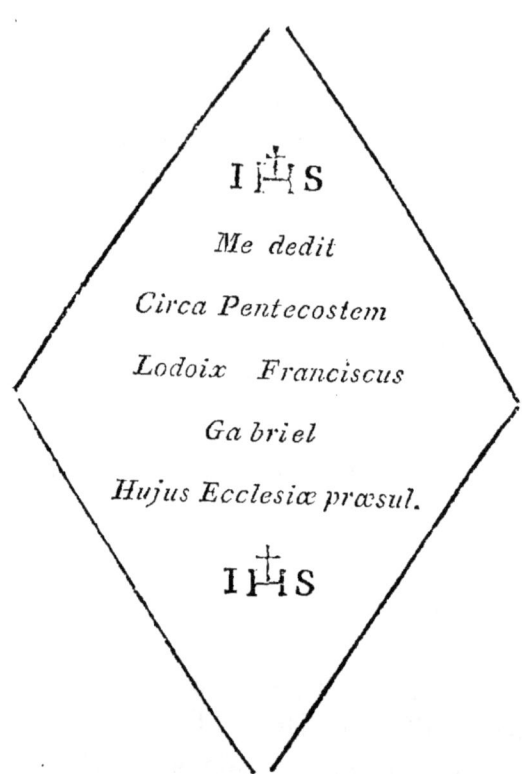

L'inscription ci-dessus n'est pas visible, parce que le
carreau sur lequel elle est gravée, est recouvert par un
autre, où l'on lit son épitaphe en face de l'autel.

Ludovicus

Ludovicus Franciscus
Gabriel d'Orléans
De la Mothe , Epus. Ambian.
Humiliter se commendat
Precibus cleri et populi.
Dilectus Deo et hominibus
Cujus memoria
In benedictione est.
Obiit die x *jun.* 1774.
Æt. an. 92°.
Episcopatus 40°.
Hîc sepultus
13 *ejusdem*
Mensis.

Devant et sur le bord du sanctuaire , étaient autrefois Balustrade.
trois grands chandeliers de cuivre qui furent ôtés en 1752.
On lisait sur l'un d'eux qui servait à recevoir les oblations
des paroissiens de St. Leu :

Les Manangliers de St. Leu m'ont chy mis en mille
chonq chens et un quarteron ; c'est-à-dire , les Marguilliers de St. Leu me placèrent ici en 1525.

Ces chandeliers ont servi à faire la belle balustrade en
cuivre et en marbre qui sépare le sanctuaire du chœur.

Lorsqu'on est monté dans le sanctuaire , on n'apperçoit Sanctuaire.
plus à ses pieds que la place d'une ancienne plaque ronde
d'argent massif, sur laquelle étaient gravées les armes de
l'Évêque, du Chapitre et de la Ville. Cette plaque a fait
partie des envois à la monnaie en 1792. Pour cacher cette
lacune désagréable, on devrait bien y substituer une autre
plaque en cuivre doré, ou un plateau de beau marbre
sur lequel on pourrait graver un aigle impériale, ou une

étoile, cet emblême chéri du Prince et du héros qui, parmi tant de bienfaits, nous a rendu nos temples, nos Pontifes et le culte de nos pères. On y marquerait le jour et l'année où il a visité cette église. — 28 juin 1803, (9 messidor an 11).

Tombeaux.

Dans le milieu du sanctuaire repose le corps de l'Évêque Feydeau de Brou, et à côté, le cœur du Cardinal de Créquy, aussi Évêque d'Amiens ; le premier, décédé en 1706, et le second en 1574. Le chapeau de ce Cardinal pendait de la voûte sur l'endroit où son cœur est enterré. Ce chapeau fut ôté et placé sur un des piliers en 1740.

Contre la grande grille à main droite, repose le corps de l'Évêque Versé, décédé le 8 février 1500. Son épitaphe est en dehors.

Au côté opposé se trouvent les restes de Jean de Boissy, Évêque du diocèse, mort le 4 septembre 1410.

Anciens autels.

Noë, échappé du déluge, est le premier qui ait élevé un autel au Seigneur.

Le premier sacrifice offert en son honneur l'a été par Melchisedec, après la victoire d'Abraham sur ses ennemis : le pain et le vin furent la matière de ce sacrifice.

La superbe Athènes éleva un autel au Dieu inconnu : *Ignoto Deo.*

Les juifs avaient un autel d'airain pour les holocaustes, et un d'or sur lequel ils brûlaient l'encens. Ils donnaient aussi le nom d'autels à des espèces de tables qu'ils dressaient au milieu de la campagne pour sacrifier à Dieu. C'est de ces *autels* qu'il faut entendre plusieurs passages où on lit : *En cet endroit, il éleva un autel au Seigneur.* Plus tard, et d'après la Loi de Moyse, il n'y eut pour tout le peuple d'Israël qu'un *autel* pour offrir des victimes. Il y eut dans le temple de Salomon, comme dans

le tabernacle, deux *autels*, l'un pour les holocaustes ;
l'autre pour les parfums. *Autel*, parmi les chrétiens, se
dit d'une table quarrée, placée ordinairement à l'orient
de l'église pour y célébrer la messe.

Dans la primitive Église, les autels n'étaient que de
bois. Il n'y en eut long-tems qu'un seul dans chaque
église ; mais le nombre en augmenta bientôt.

Le premier maître-autel élevé dans le sanctuaire de
notre église était construit d'après l'usage romain. Il y
en avait un autre par derrière qu'on nommait l'autel de
retrò, sur lequel il y avait un crucifix, et sur les deux
côtés, les représentations de la Ste. Vierge et de saint-
Jean l'Évangéliste. Au-dessus était une petite niche destinée à recevoir la châsse de St. Firmin-le-Martyr. Quand
l'Évêque disait la messe pontificale au grand autel, le
semainier disait en même tems la messe à l'autel placé
derrière, pour pouvoir remplacer le Prélat en cas d'in-
disposition.

Cet autel de *retrò* avait subsisté jusqu'à l'an 1484,
tel qu'il avait été primitivement édifié. Un Chanoine,
nommé Michel Marié, voulant honorer la passion et la
mort de Jésus, le décora d'une représentation du saint-
sépulchre. L'Évêque Versé en fit la même année la bénédiction. Ce sépulcre a subsisté jusqu'en 1768.

Ce premier maître-autel à la romaine fut remplacé par
un autre, sous l'épiscopat de Philibert de Saulx. Pierre
Millet, Chanoine de cette église, décora le nouveau d'une
table de marbre noir, longue de 4 mèt. 54 cent. (14
pieds), sur 1 mèt. 46 cent. (4 pieds 6 pouces) de largeur,
et 22 cent. (8 pouces d'épaisseur.)

En 1486, le 26 juillet, la table de marbre fut remplacée par une autre d'argent massif, superbement tra-

vaillée. Le Mayeur Nicolas le Rendu , les Échevins et plusieurs particuliers y contribuèrent. On y fit entrer la belle représentation de la ville d'Amiens , toute en argent , que le Roi Louis XI avait donnée , et qui pendait auparavant au milieu du chœur. Nonobstant ces secours , cette table qui pesait 1576 marcs , plus une once , coûta encore au Chapitre une somme de 12,290 l. 16 s. Le milieu et les deux cotés de l'autel étaient garnis d'un grand Crucifix et des images de la Vierge et de St. Jean , également en argent. Sur la devanture de l'autel , on voyait les douze petits Prophètes , les douze Apôtres et plusieurs autres figures du même métal. Toutes ces richesses masquées dans les temps ordinaires par un étui de bois peint , ne se découvraient que dans les jours de solemnité. L'église n'en jouit pas long-tems. On fut obligé de les vendre pour racheter des Espagnols les cloches de la Cathédrale dont ils s'étaient emparés , et pour payer les contributions auxquelles le Chapitre fut condamné.

Ce second autel fut entièrement démoli en 1752. On supprima en même tems six belles colonnes de cuivre blanc , ornées de figures d'Anges et de Saints qui tenaient dans les mains les instrumens de la Passion , et rendaient le sanctuaire vénérable.

Autel actuel. L'autel qu'on voit actuellement dans le sanctuaire , a été posé en 1755 , sous l'épiscopat de François-Gabriel d'Orléans de la Mothe , aux frais du Chapitre. Il est en bois , orné de différentes sculptures. S'il faut en croire au témoignage de quelques personnes , il a été fait avec du bois qui avait servi pour échaffauder dans le tems de la construction de l'église. On ne le dora que dans le tems où l'on plaça la gloire qui le couronne. Il fut béni par ce Prélat le 22 mars 1755.

Une gloire, en terme de peinture et d'architecture, est la représentation d'un Ciel ouvert et lumineux, avec des Anges, des Saints, etc.

C'est dans l'été de 1768 que M. de la Mothe fit couronner le maître-autel par ce bel ouvrage en pierre, où la majesté du Seigneur est représentée telle que la décrit l'Apocalypse.

Dans le milieu est la suspension, où, sous une impériale d'argent, soutenue par des Anges groupés, et dans un ciboire, repose l'hostie sainte. Les différentes figures qu'on y découvre sont d'une belle expression. Il n'y a pas une seule tête de Chérubin qui ne soit un modèle à copier. Les deux Anges adorateurs, de grandeur naturelle, paraissent anéantis devant la majesté du Très-Haut : leur attitude est celle du plus profond respect. Rien n'est gracieux comme leurs contours et la draperie qui les couvre : on voit, on sent que ce sont des habitans des Cieux. La terre ne possède rien d'aussi beau, d'aussi accompli. Les enfans des hommes ont toujours des imperfections qui décèlent leur origine. Les plus célèbres sculpteurs n'ont rien composé de plus fini. Un St. Jean, à droite, sous la figure d'un homme pénitent, indique de la main l'Agneau de Dieu qui repose dans le ciboire. A gauche se montre, en grandeur naturelle, la Ste. Vierge, dont les yeux tendrement fixés sur la suspension, et la main placée sur sa poitrine, semblent annoncer tout le bonheur que lui procurent la résurrection et la gloire de son fils.

Les deux statues de la Ste. Vierge et de St. Jean, placées aux deux extrémités de cette gloire, sont de la main de M. Dupuis. Ce statuaire était âgé de plus de 80 ans lorsqu'il les finit. La composition de la gloire du rond-point est de M. Christophe, son gendre, architecte fort estimé de son tems. Ces deux artistes distingués étaient membres de l'Académie d'Amiens.

Plusieurs Anges portés sur des nuages un peu lourds, figurent dans ce tableau.

Quelque belle que soit cette gloire, j'aimerais autant qu'elle n'y fût pas, parce qu'elle interrompt la perspective, et que du portail ainsi que de la grille du chœur, l'œil ne peut plus envisager l'extrémité opposée de l'église, qui se termine au fond de la chapelle paroissiale. Ce masque doit nécessairement déranger l'optique et les calculs de l'architecte du temple.

Les reliques de St. Firmin le martyr reposent au milieu de cette gloire, dans un grand coffre : son buste est en face.

Avant de quitter le sanctuaire, remarquons encore sur les deux côtés quatre beaux médaillons en bois, peints en blanc : ce sont les figures des quatre Évangélistes : ceux de droite sont St. Marc avec son lion, et St. Luc avec son bœuf : les deux de gauche sont St. Mathieu et St. Jean avec l'ange et l'aigle qui sont leurs attributs particuliers.

Tout le lambris du sanctuaire est en très-beau marbre.

Le chœur est éclairé par quinze grandes croisées et par plusieurs autres placées dans l'intérieur de la galerie.

Le public découvre tout le chœur et le sanctuaire par les neuf grilles qui les entourent.

C'est ici que se termine le travail que j'ai entrepris : il est loin sans doute de la perfection dont il est susceptible. Aidée des renseignemens exacts que j'ai fournis, une main plus habile pourra mieux faire connaître ce bel édifice, et en rendre la description plus intéressante et plus digne du public.

Je ne quitterai pas la plume sans avoir exposé, 1°. le tableau des souverains et autres personnes de distinction qui ont visité notre Cathédrale ; 2°. l'ancienne et la nouvelle organisation de son Clergé ; 3°. la notice historique et chronologique de ses Évêques.

CHAPITRE VII.

Tableau des Souverains et autres Grands Personnages qui ont visité l'Église Cathédrale d'Amiens.

LE 13 août 1193, fut célébré dans l'ancienne Cathédrale d'Amiens, le mariage de Philippe-Auguste, Roi de France, avec Ingelberge. 12e. siècle.

Le 15 du même mois, cette nouvelle épouse fut couronnée Reine de France dans la même église, par Guillaume, Archevêque de Rheims, et Thiébault, Évêque d'Amiens, neveu d'Ingelberge. Cette Princesse, mariée en secondes nôces, fut répudiée peu de tems après, sous prétexte de parenté, puis reprise par le Roi comme sa légitime épouse.

En 1263, le Roi St. Louis visita la Cathédrale. Voulant laisser une preuve durable de sa piété, ce monarque fit présent à l'église d'une très-belle émeraude pour décorer le chef de St. Jean-Baptiste. Ce même Prince y revint en 1269, et signa avec Henri III, Roi d'Angleterre, le traité connu. 13e. siècle.

En 1279, le 23 mai, Philippe-le-Hardi, Roi de France, et Édouard, Roi d'Angleterre, firent leur entrée dans cette basilique, après avoir signé dans Amiens leur traité de paix.

Philippe-le-Long y parut en 1316. 14e. siècle.

Le 6 juin 1329, Édouard III, Roi d'Angleterre, rendit hommage dans la Cathédrale au Roi de France, Philippe de Valois, pour la province de Guyenne. Les Rois de Bohême, de Navarre, de Majorque y parurent debout auprès du trône du Roi Philippe. Le Roi d'Angleterre s'étant présenté debout devant Sa Majesté, le Vicomte de Melun, grand Chambellan, lui commanda d'ôter sa couronne, son épée et ses éperons, et de se mettre à genoux comme devant son Souverain. Le grand chambellan prit alors les mains d'Édouard, les plaça dans celles du Roi Philippe, et dit : Sire, vous devez hommage-lige (c'est-à-dire de vassal à Souverain) au Roi, mon Seigneur qui est ici, comme Duc de Guyenne et Pair de France, et lui promettez foi et loyauté. Édouard répondit *voire*, c'est-à-dire *vrai*, *vraiment*, du latin *verè*; je le promets.

En 1345, un an avant la malheureuse journée de Crécy, on y revit ce même Philippe de Valois.

En 1355, au mois d'octobre, on y vit le Roi Jean-le-Bon, ce Prince malheureux qui fut long-tems prisonnier en Angleterre après la perte de la bataille de Poitiers, et pour la délivrance duquel trois bourgeois distingués d'Amiens y furent envoyés comme ôtages en sa place. C'est ce Prince qui, le 18 juillet de la même année, força l'Évêque, le Chapitre et les habitans à contribuer aux frais des fortifications. Au retour de sa captivité en l'an 1361, il passa sept semaines à Amiens.

En 1357, ce fut le tour de Charles V. Ce Prince n'était alors que Régent. Le 28 septembre 1381, Charles VI fit son entrée dans Amiens et dans la Cathédrale. Ce Prince reçut en présent, de la ville, 160 marcs d'argent en vaisselle dorée, et 4 muids de vin.

En 1385, le 13 juillet, l'Évêque Jean de Rollandi maria,

dans

dans son église , Charles VI et la fameuse Isabeau de
Bavière , sur les degrés du chœur et sous les cloches.
Cette Princesse fit une seconde visite à cette basilique en
1398 : elle fut reçue par l'Évêque Ferry de Beauvoir. Sa
grossesse fut cause qu'elle arriva dans une litière. L'affection de cette Reine pour Amiens la détermina , en
1418, à y établir une Cour souveraine dont l'existence
fut très-courte. Philippe de Morvilliers en fut le premier
Président.

C'est ce même Charles VI qui , de concert avec sa
femme, donna au Chapitre le moulin dit du Roi, nommé
auparavant le moulin Baudry (26), en considération de
ce qu'ils avaient été mariés dans la Cathédrale. La donation fut faite à la charge d'un obit annuel, d'un gâteau
composé avec un septier de blé, et de douze bouteilles
de vin, tant pour lui que pour ses successeurs, lorsqu'ils
feraient leur entrée dans Amiens. Ces conditions ont été

---

(26) En 1442, un nommé Collart de Bottempont, meûnier du
moulin Lecomte, situé sur un des canaux de la Somme, dans l'intérieur d'Amiens, fit une spéculation sur les blés qui lui réussit
mal. Désespéré de son malheur, il se pendit dans son moulin. Son
corps, par ordonnance de justice, fut traîné sur la claye, et ses
biens, qui étaient considérables, furent confisqués au profit du Roi.
Ce moulin prit alors le nom de moulin du Roi qu'il a toujours
conservé. Les gens du Roi étaient obligés d'assister tous les ans à
la messe et au service que le Chapitre faisait célébrer en l'honneur
du Prince qui lui avait donné ce moulin. Les noms des donateurs,
inscrits sur le moulin, en ont été effacés en 1792.

C'est près de ce moulin qu'en 1586, on pêcha un énorme estur-
geon, portant 2 mèt. 75 cent. (8 pieds 6 pouces) de largeur. Il y
eut à ce sujet un grand procès entre la Ville et le Chapitre. Un
arrêt de la Cour l'adjugea aux Chanoines, parce qu'il avait été
pêché entre leur moulin et le jet du marteau.

B b

depuis lors fidélement remplies. La révolution a mis un terme à la jouissance ainsi qu'à la prestation.

15e. siècle. En 1421, le 22 janvier, Henri V, Roi d'Angleterre, emmenant avec lui Catherine de France, son épouse, dernière fille de Charles VI, vint faire sa prière à la Cathédrale.

L'an 1437, le Roi Charles VII y fit son entrée. Son fils Louis, Dauphin de France, y vint en 1443.

En 1437, le 16 octobre, Isabelle, fille de Jean Ier., Roi de Portugal, troisième femme du Duc de Bourgogne, vint en pélerinage pour voir le chef de St. Jean-Baptiste. La Ville lui fit présent d'une coupe d'or du poids de trois marcs à 21 carats.

En 1448, l'Église cathédrale reçut la visite de Philippe, Duc de Bourgogne ; d'Isabelle de Portugal, son épouse; et du jeune Comte de Charolais, leur fils. Ils furent reçus à la porte, comme Princes du sang, par l'Évêque Jean Le Jeune et son Clergé en chappes. La Ville fit présent au Duc de Charolais de deux drageoirs d'argent doré, du poids de 20 marcs.

En 1464, le 16 janvier, Charlotte, fille du Duc de Savoye, Reine de France, assistée des Princesses de Navarre et de Piémont, fit son entrée en *litière*, parce qu'elle était enceinte : elle demeura quatre jours dans la ville. Le Mayeur lui présenta deux drageoirs garnis d'argent doré, du poids de 20 marcs.

En 1473, Louis XI vint visiter sa petite Venise : c'est ainsi qu'il appelait la ville d'Amiens. Les rues furent tapissées sur le passage de ce Prince : il logea avec la Reine au Pont-Calais. On voyait encore son appartement et son portrait dans la maison de M. Manessier, qui appartient maintenant à M. Lorel, marchand tanneur, rue des Tanneurs, au bas du Pont-Calais. Cette maison, reconstruite à neuf, a depuis lors toujours été exempte de censives. La rue fut illuminée toute la nuit. Le lendemain il se rendit à la Cathédrale (27).

A la visite de Louis XI succéda celle du Roi de Portugal, en 1477. Ce Prince logea à l'Évêché.

En 1478, seconde visite du Roi Louis XI.

Le 11 juin 1493, Charles VIII avec la Reine Anne, Duchesse de Bretagne, son épouse, firent leur entrée dans l'église. Cette Princesse reçut en présent de la Ville, une fontaine d'argent doré, du poids de 5o marcs, sur laquelle étaient gravées les armes des deux augustes époux et de la ville.

Le 13 août 1513, Louis XII, surnommé le *Père du* 16e siècle. *Peuple*, vêtu d'un habit appelé pour lors galbardine, et la tête couverte d'une toque d'écarlate, accompagné du duc d'Angoulême, visita la Cathédrale. Ce fut après la journée dite des éperons ; malade de la goûte, il fit son entrée en litière. Ce Prince était déjà venu à Amiens en 1504.

Le 29 mai 1517, le Clergé d'alors y reçut François Ier., la Reine, fille aînée de Louis XII; Madame d'Angou-

___

(27) C'est sous le règne de ce Prince que le 9 décembre 1489, le Corps de ville d'Amiens obligea les filles de joye à porter une aiguillète rouge de quartier et demi de long, sur le bras droit, au-dessus du *queute* (coude), sans *mantelles* et *failles* pour le couvrir. Les ceintures d'or et d'argent leur étaient défendues. Les personnes qui les logeaient, portaient la même aiguillète, et ne pouvaient fixer leur domicile que dans les rues du *Bordeau* ou *Bordel*, des *Blanches-Mains*, des *Poulies*, et celles qui sont derrière le *Dom* et l'*Ecorcherie.*

lême, mère du Roi ; et Madame d'Alençon, sa sœur.
Ces augustes personnages restèrent à Amiens jusqu'au 22
juin suivant, jour auquel le Roi s'embarqua pour Abbeville avec la Reine son épouse. Ils y revinrent encore en
1520. La ville d'Amiens donna, en 1526, 12,000 liv. pour
la rançon de ce Prince.

Le 15 août 1547, arriva le Roi Henri II, accompagné
du Connétable de Montmorency, du Chancelier Olivier
et de plusieurs grands Seigneurs. Ce Prince séjourna long-
tems à Amiens en 1558, lors du camp dressé contre Philippe d'Autriche, Roi d'Espagne.

En 1565, le Prince de Condé ; en 1566, Charles IX,
Roi de France (28) ; en 1571, le Duc de Longueville ;
en 1583, Hercule de France, Duc d'Anjou, frère de
Henri III ; en 1586, le Maréchal d'Estrées ; en 1587, le
Duc de Nevers ; en 1594 et 97, le bon Roi Henri IV.

17e. siècle.   Le 27 août 1601, Henri IV se rendant à Calais, passa
par Amiens : il logea, ainsi qu'à son retour, à la cita-
delle qu'il faisait bâtir. Après avoir visité la Cathédrale,
il s'embarqua dans une gribane jusqu'à Abbeville. Instruit
que le Curé de St. Jacques de cette ville conservait un
peu de rancune contre lui, ce Prince affecta de visiter
son église paroissiale. Je rappellerai ici l'anecdote déjà
citée dans mon Annuaire statistique de 1806.

---

(28) C'est sous le Roi Charles IX, par ordonnance du mois de
janvier 1563, rendue en Roussillon, qu'il fut statué que l'année
qui commençait à Pâques, prendrait désormais son commencement
au premier janvier, et que tous les actes publics prendraient cette
date. Une première ordonnance, du 4 septembre 1561, avait déjà
proposé ce changement. Enfin réitérée en 1566, l'année commença
pour la première fois à partir du 1er. janvier. Charles Gorin et
Charles de Louvencourt étaient alors Mayeurs d'Amiens.

On lit dans les registres de la paroisse de St. Jacques d'Abbeville, le fait suivant :

« Le 9 septembre 1601, le Roi partit de cette ville pour
» se rendre à Calais. Il était venu un soir auparavant en
» gribane (29) d'Amiens. Henri IV du nom, était bon :
» il est venu dans ma paroisse : il est entré dans la sa-
» cristie : il m'a parlé le premier ».

Cette note est d'autant plus remarquable que ce Curé, plus Romain que Francais, n'aimait pas ce bon Roi élevé dans la croyance de l'Église prétendue réformée.

Le 4 mars 1619, le 8 janvier, 5 mars, 17 décembre 1620 et 16 décembre 1630, Louis XIII séjourna à l'Évê-ché, et visita constament la Cathédrale. Ce Prince reçut à chaque fois, du Chapitre, un gâteau, douze bouteilles de vin et vingt-quatre pains. La dernière fois il fut com-plimenté par M. de Saisseval, Doyen du Chapitre.

En 1625, le 7 juin, Marie de France, sœur de Louis XIII, épouse de Charles Ier., Roi d'Angleterre, fit son entrée dans Amiens et dans l'Église Cathédrale. Cette Princesse était accompagnée de la Régente, de Mon-sieur, frère du Roi, du Cardinal de la Valette, du Duc de Chevreuse, Gouverneur de la Picardie ; du Duc de Buckingham, Ambassadeur du Roi d'Angleterre ; des Prin-

---

(29) Les gribanes sont les bateaux du commerce d'Amiens. Le maximum de leurs charges est de 40 à 45 tonneaux. Elles sont pon-tées à varangues plates, avec des flancs renflés comme ceux des na-vires. Elles ont été construites d'après ce système mitigé, parce qu'elles avaient la double destination de fréquenter la Somme, et d'être souvent exposées à la lame de la mer dans la baye de Saint-, Valery. Leur longueur est de 18 à 20 mèt,, et prennent en pleine charge environ 1 mèt. 50 cent. d'eau. Le nombre en est de 75, sans compter 24 allèges.

sesses de Condé, de Conty, de Soissons, de Montpensier;
des Duchesses de Guise, de Chevreuse, etc. On lui fit une
réception magnifique. Tous ces nobles hôtes séjournèrent
trois semaines dans la ville.

Voici les vers qui furent adressés à la Reine d'Angleterre :

> Nous recevons votre Grandeur
> Non pas au pair de ses mérites;
> Nos forces étant trop petites,
> Mais en amis et de bon cœur.

Le 15 mai 1632, Louis XIII reparut encore à la Cathédrale avec le Cardinal de Richelieu, les Ducs de Longueville, de Chevreuse, etc. La Reine arriva deux jours
après. Sa Majesté partit en gribane le 19 pour aller à
Calais par Abbeville. Son retour à Amiens eut lieu la
veille de la Pentecôte de la même année. Elle toucha les
écrouelles au cimetière de St. Denis; mais on ne dit pas
s'il y eut des malades de guéris.

En 1656, le 30 mai, Louis XIV fit sa prière dans cette
église avec la Reine sa mère. Le Prince logea près de
l'Évêché, chez M. Vaillant, Trésorier de France; et
son auguste et respectable mère, au palais Épiscopal.
Le lendemain, le Roi toucha les malades d'écrouelles
dans le cimetière de St. Denis. Anne d'Autriche assista
aux vêpres dans le chœur de l'Église cathédrale, vis-à-vis
le dais de l'Évêque. Cette Princesse ne voulut jamais
recevoir l'encens avant le Prélat.

Ce grand Prince est venu plus de douze fois à Amiens.

En 1673, le 18 mai, le Chapitre de la Cathédrale présenta au Duc d'Orléans, six bouteilles de vin et douze
pains.

Dans la même année, le 8 juillet, la Reine de France

revint encore à Amiens, et fut haranguée par le Prévôt du Chapitre, qui lui présenta le pain et le vin.

En 1686, l'Église de N. D. d'Amiens fut visitée par l'Ambassadeur du Roi de Siam.

En 1689, le 6 janvier, arriva Jacques II, Roi détrôné d'Angleterre : il visita le lendemain la Cathédrale. Ce Prince repassa par Amiens le 29 janvier 1696, et le 4 mai suivant.

En 1782, le Comte du Nord, depuis Empereur de Russie sous le nom de Paul Ier., fils de cette Princesse extraordinaire dont on peut dire, comme un certain poëte du Cardinal de Richelieu, qu'elle a trop fait de mal pour en dire du bien, et trop de bien pour en dire du mal, passa par Amiens avec sa digne épouse, la Princesse de Wurtemberg. Tous deux logèrent chez le sieur Pollet, rue des Trois-Cailloux. Le lendemain, sur l'invitation de M. de Machault, dernier Évêque de l'ancien régime, ces augustes voyageurs vinrent visiter la Cathédrale. Ce malheureux Prince est mort victime de son amitié pour la France, et de sa haine contre l'Angleterre.

Le 28 juillet 1803 (9 messidor an 11), vers les huit heures du matin, Napoléon-le-Grand, Empereur des Français, Roi d'Italie et des pays Vénitiens, Protecteur de la Confédération du Rhin, arrivé trois jours auparavant à Amiens, comme Premier Consul, fit son entrée solemnelle dans l'Église cathédrale de cette ville. Ce jeune héros, déjà bien vieux par l'expérience, la sagesse et la profondeur de son génie ; l'honneur, l'amour et l'espoir de la France ; le Restaurateur de notre patrie et de notre culte ; l'étonnement et l'admiration de l'univers et de la postérité, fut reçu et complimenté par M. Villaret,

Évêque nommé par lui. Tout le Clergé en chappes le
reçut sous le dais. Sa Majesté avait une nombreuse et
brillante escorte. Après avoir fait sa prière à Dieu, ad-
miré l'intérieur de ce majestueux édifice, et notament
les trois roses qui le décorent, Napoléon monta en voiture pour se rendre à Boulogne par Abbeville et Saint-
Valery, emportant avec lui les bénédictions, les vœux
et les regrets d'une population immense que sa présence
avait réjouie, que son départ affligea. Le ciel nébuleux
depuis long-tems, s'éclaircit au moment de son arrivée;
pas un nuage ne parut dans l'air pendant son séjour. Les
cultivateurs recouvrèrent l'espérance d'une belle récolte.
Ce Prince dut être content des Picards. Les transports
d'allégresse qu'ils firent éclater pendant qu'il fut au milieu d'eux, portèrent l'empreinte de ce caractère de fran-
chise et de vérité qui les a toujours distingués. Une grande
partie des habitans s'était portée sur son passage. M. Fleu-
ry, Maire de Boves, lui présenta une colombe tenant
dans son bec un rameau d'olivier. De jeunes vierges vê-
tues de blanc, semèrent de fleurs la route qu'il devait
parcourir, et lui offrirent, ainsi qu'à son auguste épouse,
des tresses, des bouquets et des guirlandes. M. le Préfet
s'était porté jusqu'aux frontières de son département pour
complimenter le Premier Consul : il fut reçu et com-
plimenté aux portes de la ville par M. Augustin Debray,
Maire. On admira la délicatesse de cette phrase de sa
harangue : « Général Premier Consul, Henri IV et
» Louis XII reçurent autrefois de mes concitoyens, deux
» cygnes. Réunissant en votre personne les qualités qui
» rendent encore leur mémoire si chère aux Français,
» ils ont cru devoir en doubler le nombre pour vous. »
Sa voiture fut escortée par le peuple jusqu'à la Préfec-
                                                    ture.

ture où il descendit. Toutes les fenêtres étaient remplies
de spectateurs. On n'entendait par-tout que des cris de
joie : on ne voyait que des témoignages de satisfaction.
Des hommes que les malheurs de la révolution et le règne
des terroristes avaient rendu muets, retrouvèrent la parole : ils se félicitèrent hautement du chef que la Pro-
vidence venait de leur donner. Ses vertus, ses exploits,
ses grandes et brillantes qualités, l'accueil qu'il fit à toutes
les autorités qui furent admises à le haranguer, ce talent
universel avec lequel il parla de tout à tous, les dons
qu'il fit à la ville, aux hospices, aux manufactures, les
plus douces enfin et les plus chères espérances lui gagnè-
rent tous les cœurs. Le lendemain de l'arrivée de Bonaparte, il y eut une brillante illumination dans les rues et
aux fenêtres. Une étoile flamboyante, emblême du nouveau César, annonçait du haut de la flèche de la Cathédrale, la présence de celui qui venait d'enchaîner l'anarchie, de signer le Concordat et de pacifier le continent.
Entre mille devises, on distingua celle-ci :

« La France l'aime ; l'Angleterre le craint, et l'Uni-
» vers l'admire. »

Toute la population des campagnes voisines était ac-
courue pour voir Napoléon et pour le saluer par des
acclamations. Ceux qui purent l'appercevoir, s'en retour-
nèrent contens. On leur entendait dire avec transport :
Je l'ai vu. La ville lui donna le dimanche un bal très-bril-
lant, qui fut honoré de sa présence, ainsi que de celle
de sa belle et bienfaisante épouse. Ce Prince fit l'honneur
au Maire de l'appeler à ses côtés, et de l'entretenir
pendant toute la durée du bal. Ce père de la cité en reçut
une écharpe d'honneur et une tabatière d'or, enrichie de

diamans et décorée de son chiffre. Celle dont il fit don
à M. l'Évêque, plus belle et plus riche encore, était
ornée de son portrait. Cette marque flatteuse d'estime fut
plus chère à ce digne Prélat que tous les diamans qui
l'entourent. Harangué par le président de l'Académie,
il daigna s'en déclarer le protecteur. Si sa dotation n'est
pas encore déterminée, c'est que ses besoins ne sont pas
encore connus de son auguste Mécène. Encore un peu,
et, comme autrefois, elle pourra faire germer l'émulation,
provoquer des dissertations utiles, et récompenser les auteurs par des médailles.

Tels sont les noms des personnages illustres qui, jusqu'à
présent, ont fait leur entrée dans l'Église cathédrale
d'Amiens, et telles sont les époques où ce bel édifice
a été honoré de leur visite. Sans doute le nombre en a
été plus considérable, et quelques dates pourraient bien
manquer d'exactitude : je n'ai pas eu le tems de faire les
recherches nécessaires.

CHAPITRE VIII.

Ancienne et nouvelle organisation du Clergé de l'Église Cathédrale d'Amiens.

§ Ier.

Ancienne organisation.

L'ancien Chapitre avait commencé avec la première
Église cathédrale : il était alors composé d'un petit nombre de Prêtres, du nombre desquels fut saint Domice,

quoique vivant solitairement dans les environs de Bôves. Ces Prêtres ont long-tems vécu en commun avec les Évêques, dans des bâtimens construits près de l'église-mère, ainsi que l'avait ordonné le Pape Eugène Ier. en 654. C'est sous l'Évêque Gérolde, qu'en 875, la mense épiscopale fut séparée de celle du Chapitre ; mais la division des biens n'empêcha pas les Évêques de vivre en communauté avec leur Clergé. Cette façon de vivre était encore en usage à la fin du onzième siècle ; car on voit par un titre de l'an 1085, que l'Évêque Roricon ordonna que ce qu'on desservirait de la table commune, fût donné, partie aux clercs de St. Acheul, partie à ceux de St. Martin-aux-Jumeaux, réunis pour lors dans le local des Célestins, maintenant occupé par les Tribunaux.

Les rues où demeuraient les anciens Chanoines se nommaient cloître, du nom de la maison claustrale où ils vivaient en commun. Celle-ci était placée dans le cloître de St. Nicolas. Les différentes issues des cloîtres étaient fermées par des portes dont le Chapitre et le Corps de ville avaient chacun les clefs. Ces portes, ouvertes pendant le jour pour la commodité du public, étaient fermées la nuit ; parce qu'alors les Chanoines allaient chanter matines à minuit. Cet usage finit en 1358. Depuis lors et jusqu'en 1750, les matines ont été chantées à 5 heures du matin, à dater du dimanche de Quasimodo jusqu'au 15 septembre, et seulement à 6 heures jusqu'au 1er. octobre. Le cloître contenait originairement vingt-neuf maisons pour loger les Chanoines : une partie fut aliénée en 1586 ; les autres ont été vendues pendant la révolution.

L'Église de Rheims était la métropole de celle d'Amiens. Cet Évêché comprenait autrefois l'Amiénois, le Vimeu, le Marquenterre, la partie de l'ancien bailliage de Hesdin qui est au midi de la Canche, l'ancien Ponthieu et le Santerre. Son étendue était de trente milles en longueur et de seize milles en largeur. Il était divisé en deux archidiaconés : celui d'Amiens renfermait quatorze doyennés, et celui du Ponthieu, douze. On comptait dans tout le diocèse, sept cent quatre-vingt cures, distribuées entre vingt-six doyennés ruraux, cent trois annexes, vingt abbayes d'hommes, cinq de filles, soixante-six prieurés, treize églises collégiales, outre la Cathédrale ; sept commanderies de l'ordre de Malthe, six de l'ordre de Saint-Lazare, vingt-six couvents d'hommes, vingt-deux de filles, six colléges, deux hôpitaux généraux, dix hôtels-Dieu et une maison de filles repenties. Le revenu de l'Évêque était de 30 à 40,000 francs.

Le Chapitre de la Cathédrale se composait jadis de :

Grands Vicaires. . . . .   8.
Dignitaires. . . . .   9.
Chanoines prébendés. . . . . . .   45.
Chanoines Diacres. . . . .   3.
Id. Sous-Diacres. . . . .   1.
Id. Clercs. . . . .   2.
Chanoines Vicariaux . . . . . .   6.
Chapelains . . . .   64.
Musiciens. . . . .   15.
Enfans de chœur. . . . .   10.

Total. . . . . 163.

Le stage des Chanoines commençait au 31 août, et finissait au 16 février suivant. Aucun ne pouvait découcher pendant cet intervalle.

Le nouveau Chanoine devait fournir, lors de sa prise

de possession, une chappe de soie. En 1295, la valeur en fut fixée à 10tt; en 1523, à 20tt; en 1621, à 120tt; et jusqu'à la dissolution du Chapitre, à 135tt.

Les Dignitaires et les Chanoines avaient seuls le droit d'entrer au chœur par la grande porte pendant la célébration des offices.

L'Évêque n'avait le droit d'occuper une des hautes stalles du chœur, que depuis qu'il avait réuni en sa personne la dignité de Trésorier. Cette réunion eut lieu sous l'Évêque Thierry. La charte de 1149 fut confirmée la même année par le Roi Louis VII, et par le Pape Adrien IV en 1155.

Les anciens Chapitres d'Amiens ont donné douze Cardinaux, six Archevêques, plus de quarante Évêques, et trois Chanceliers de France. Ses armes étaient un fond d'argent à la croix de sable. Celles des Chapelains consistaient, depuis 1361, en une rose.

§ I I.

Nouvelle organisation.

Le Chapitre actuel se compose de deux Vicaires généraux, de huit Chanoines titulaires, et de vingt-deux Chanoines honoraires.

Les départemens de la Somme et de l'Oise constituent le nouveau diocèse : il renferme les anciens siéges et pairies de Beauvais et de Noyon, une partie des anciens diocèses de Senlis, de Rouen, de Meaux, d'Arras et de Boulogne.

On compte dans le département de la Somme :

Cures.....{ 1ʳᵉ. classe.... 6. } 41.)
{ 2ᵉ. classe.... 35. })
Succursales. . . . . 557. } 1173.
Annexes. . . . . 575.)

Département de l'Oise :

Cures.....{ 1ʳᵉ. classe.... 4. } 35.)
{ 2ᵉ. classe.... 31. }) 520.
Succursales. . . . . 485.)

Total des cures pour tout le diocèse. . . . . 76.

Total des succursales. . . . . 1042.

Total général des cures et succursales . . . . . . 1118.

Cette nouvelle organisation date du Concordat entre
le souverain Pontife Pie VII , et l'Empereur Napoléon-le-
Grand. C'est à ce Prince qu'était réservée la gloire de faire
cesser le deuil des églises de France , fermées à la piété
des fidèles depuis la naissance de la république : il était
l'objet de cette prophétie de St. Césaire d'Arles :

« Que nous sommes heureux de ne pas voir ces siècles
» impies où les autels de Dieu serviront aux femmes de
» débauche ! Ces deux lustres écoulés , les Français ressus-
» cités de dessous les hécatombes , verront leur nouveau
» chef relever le sanctuaire ».

Il est impossible de méconnaître ici les temples de la
Raison , les impures qui se sont assises sur les autels, la
dispersion et le rappel des Pontifes et des Ministres ,
enfin la main qui a guéri tant de maux et cicatrisé tant
de plaies. C'est donc à bien juste titre que les voûtes sa-
crées retentissent , dans les jours de fêtes et de solemni-

tés, de cette pieuse invocation : *Domine , salvum fac Imperatorem Napoleonem , et exaudi nos in die quâ invocaverimus te !*

CHAPITRE IX.

Anciens usages singuliers qui se pratiquaient dans la Cathédrale d'Amiens.

1º. O*bit de la rose.* Un nommé Hugon, dit le Mayeur, avait fondé un obit qui ne devait se dire que lorsque les roses seraient rouges. Ce jour-là le Prévôt distribuait un bouquet de roses à chaque Chapelain.

2º. *L'homme vert.* Autrefois le jour des Rois, pendant le *Gloria in excelsis*, le bedeau de la paroisse de Saint-Firmin en Castillon entrait au chœur par la porte collatérale du côté gauche, portant en ses mains un cierge garni de fleurs. Quant à lui, il était revêtu d'une espèce de tunique couverte de feuilles vertes. Après avoir salué l'autel et le chœur, il prenait séance dans une des stalles basses, devant le Pénitencier, puis se retirait après l'Évangile. Cet usage fut supprimé en 1727.

Le 12 janvier, veille de l'Invention de St. Firmin-le-Martyr, le même bedeau, avec le même cierge et la même tunique, assistait au chœur de la Cathédrale dans la même place. Pendant le *Magnificat* il présentait, dans un bassin d'argent, une couronne de fleurs à chaque Chanoine. Pendant la bénédiction du feu nouveau, qui avait pour motif de rappeler la chaleur excessive qui se fit sentir le jour de la translation de St. Firmin, on découvrait la châsse de ce Saint : on y jetait beaucoup d'encens , et du haut de la voûte tombaient des fleurs et des oublies.

Le 16 janvier 1727, pour empêcher les irrévérences qui se commettaient à l'église cathédrale , et le bruit qui arrivait à l'occasion de l'homme habillé de verd , le Chapitre supprima cette cérémonie. Voici ce qui l'avait fait naître.

Lorsque St. Salve , treizième Évêque d'Amiens , fit fouiller la terre où reposait le corps de St. Firmin-le-Martyr , premier Évêque d'Amiens , il en sortit, disent les chroniques du tems , une odeur si suave, qu'on aurait cru que son tombeau renfermait les parfums les plus exquis ; le champ que l'on fouillait , se couvrit de verdure et de fleurs : *Odor quoque suavitatis illico tantus excreverat quasi illis omnia genera pigmentorum confunderentur et aromatum , et virens amœnitate diversorum florum adesset.* Cette description simple , peut-être exagérée , fut depuis surchargée de fictions poétiques. « L'odeur , dit l'un des amplificateurs , se répandit à » Tournay , à Cambrai , à Noyon et à Beauvais , et les « habitans de ces villes vinrent en procession à Amiens. » La chaleur fut si grande , qu'elle changea les glaces » de l'hiver en une sécheresse qui fit mourir les poissons » dans les étangs , couvrit la terre d'herbes , et les arbres » de feuilles et de fruits. »

Ces exagérations , rejetées avec raison par les Bollandistes et par Baillet , viennent sans doute des vers gravés sur la châsse de St. Firmin dans le douzième siècle.

> *Res nova , laus magna ,*
> *Flos pro nive , plebis hozanna.*

L'église de Pampelune a conservé dans ses monumens les

les plus anciens et les plus précieux de tous genres, la
mémoire des prodiges qu'on assure être arrivés lors de
l'invention du corps de St. Firmin. Les Chanoines de
cette église ont entretenu pendant long-tems, avec ceux
d'Amiens, une correspondance à cet effet. (Il faut se
souvenir que St. Firmin était né à Pampelune.) Dans la
lettre du 3 novembre 1650, le double miracle de l'odeur
divine et du changement subit de saison, sont rapportés
comme dans la Vie de St. Salve. Quoi qu'il en soit du
degré de croyance qu'on doit donner à ces récits, voici
la tradition qui s'en est conservée dans les monumens de
l'église-mère d'Amiens. Le jour même où le corps de
St. Firmin fut tiré de son tombeau, Simon, Seigneur
de Beaugency, attaqué de la lèpre, se trouvant à la fe-
nétre de son château, sentit une odeur surnaturelle qui
lui rendit sur-le-champ la santé. En reconnaissance de ce
bienfait dont il connut bientôt la source, il vint à Amiens
pour rendre graces à Dieu et à St. Firmin à qui il s'en
croyait redevable. Sa gratitude ne fut pas stérile ; on n'y
aurait pas cru. Pour la prouver, il donna au Chapitre
d'Amiens plusieurs domaines considérables, et entr'autres
son château de Beaugency, qui fut depuis remis aux
successeurs de ce Simon, à la charge de l'hommage de
20 sols et d'une obole de cens seigneurial. Après le partage des menses épiscopales et capitulaires, l'hommage
et le cens restèrent à l'Evêque, et les biens domaniaux
au Chapitre qui, à cause de l'éloignement, les accensa
l'an 1249. Plus d'un siècle après, en 1291, Guillaume de
Mâcon, Évêque d'Amiens, céda à Jeanne de Châtillon,
Comtesse de Blois et d'Alençon, tous les fiefs appelés de
Vendôme ou de St. Firmin, que le Seigneur de Beaugency tenait en fief de l'Evêque, à charge d'hommage et

D d

de l'offrande d'un cierge du poids de cent livres de cire, à la grande Messe, le 25 septembre, jour de la fête de St. Firmin-le-Martyr. La charte qui contient cette transaction, et qui est rapportée en entier dans les Antiquités d'Amiens, p. 210, est de l'an 1291. Plusieurs sentences et arrêts ont confirmé ce droit.

Pour conserver la mémoire du soi-disant miracle en la personne du Seigneur de Beaugency, les habitans de cette ville, représentés par co-députés, allaient tous les ans, le 13 janvier, présenter au Procureur de la nation de Picardie, de l'université d'Orléans, à l'Offertoire de la grande Messe que la nation faisait chanter ce jour-là dans l'église de St. Pierre-le-Puellier, une maille d'or de Florence, du poids de deux écus. Le 13 janvier 17...., M. de l'Estocq, natif d'Amiens, Docteur ès-droit, élu à cet effet par sa nation, reçut la maille et les soumissions des députés de Beaugency.

C'est sans doute pour perpétuer le souvenir du reverdissement du champ où était le corps de St. Firmin, et de la floraison subite qui eut lieu dans l'hiver, que le bedeau de la paroisse de St. Firmin en Castillon, paraissait revêtu de feuillages dans l'Église cathédrale; que les enfans de chœur, les chantres et les Vicaires ont été long-tems habillés de vert; et que se sont introduits les usages dont j'ai parlé plus haut. J'ajouterai que c'est en ce jour que les Chanoines quittaient leurs habits d'hiver pour prendre ceux d'été.

3°. *Colombe.* Au jour de la Pentecôte, lorsque l'Évêque ou le Doyen entonnaient le *Veni Creator*, une colombe ou pigeon blanc, avec des étoupes allumées, sortait de la voûte et se promenait dans l'église, en mémoire du S. Esprit qui, ce jour, descendit sur les Apôtres en forme de langue de feu. Cet usage fut supprimé l'an 1721.

4°. *Fête du St. Sacrement.* Ce jour, tous les corps et communautés de la ville faisaient porter des mais à la procession. Ces mais étaient des pyramides de bois sculpté, peint et doré, surmonté d'un ou plusieurs cierges, et distingué par les armes, outils ou ouvrages des métiers et professions. On distinguait les métiers par les marchandises qui pendaient aux mais. Des gens vêtus en Apôtres, en Prophétes, en Rois, en Anges et en Juifs, assistaient aussi à cette procession. On y portait en outre deux figures de bétes affreuses qu'on nommait *papoires*, avec un grand nombre de vergettes blanches et de torches allumées. Ces *papoires* étaient des serpens. Ces animaux monstrueux étaient, disait-on, des représentations de certaines mouches extraordinaires qui infectèrent l'air et occasionnèrent une contagion dans Amiens. Mais cette origine est fabuleuse. Les chrétiens d'alors avaient emprunté cette coutume, comme tant d'autres, des payens. Dans le Lexicon de Plaute, *manducus* est la même chose que ces *papoires*. Ces bétes avaient la gueule béante : on leur faisait claquer les dents l'une contre l'autre, et on les portait dans les jeux :

Magnis malis, latèque dehiscens, et clarè crepitans dentibus, in atellanis præsertim. (Scaliger ad Varronem Rud. 2-6-8-51.)

Juvénal en fait aussi mention en ces termes :

...... *Tandemque redit ad pulpita notum*
Exodium, cùm personæ pallentis hiatum
In gremio matris formidat rusticus infans.

Les confrères du St. Sacrement se métamorphosaient souvent en acteurs. En juin 1425, pour récréer le Régent

et le Duc de Bourgogne, ils firent représenter les mystères de la Passion, appelés les jeux-dieu.

Aux fetes de la Pentecôte de l'an 1459, on représenta
la vie de St. Firmin-le-Martyr.

Dans le mois de juin 1483, les confrères jouèrent les
mystères des dix mille Martyrs, et la Vie de S. Nicolas
de Tolentin. On joua les travaux d'Hercule en 1568.

Les divers scandales commis par ceux qui portaient ces
mais, déterminèrent M. Sabattier à en supprimer l'usage
en 1727, le 14 mai. Douze garçons habillés en Anges
jetaient des fleurs en marchant devant le St. Sacrement.
Cet usage fut supprimé en 1750.

5°. *Crèche.* A la fête de Noël on suspendait, de la voûte,
dans le sanctuaire, une crèche remplie de foin, ornée
de cierges, dans laquelle était couchée une image de
l'enfant Jésus, que les enfans de chœur, alors habillés
de vert, adoraient à minuit. Cette crèche restait en place
jusqu'à la Purification. Cet usage fut supprimé en 1745.
Tout l'office de cette fete était chanté en musique avec
basses et violons sur le chant des Cantiques de Noël. Cet
usage introduit par Michel Quignon, alors maître de musique, finit l'an 1734.

6°. *Chœur.* Le chœur de la Cathédrale, ouvert de toute
ancienneté à toutes les personnes, même aux femmes,
durant les offices, fut fermé, et les Laïques exclus en
1752.

7°. *Nôces.* En 1238, sous Mathieu de Croy, Mayeur
d'Amiens, il fut arrêté que les nouveaux mariés ne pourraient prier à leurs nôces que trente personnes, hommes et
femmes ; que les nôces ne pourraient durer que quatre jours
pour les habitans de la ville ; que personne n'y assisterait
sans invitation ; et que le marié ne donnerait qu'un anneau

à sa femme, et non à d'autres, à peine de 10 ᵗ parisis d'amende.

8º. *Réunion d'Amiens à la Couronne.* En 1181, Philippe-Auguste réunit la ville et le comté d'Amiens à sa couronne, et établit les communes des villes et autres justices. Depuis cette réunion, on a toujours présenté, jusqu'à la révolution, à la Messe du jour de la fete de St. Firmin-le-Martyr, le 25 septembre, un cierge de cire jaune du poids de 50 livres : c'est le Prevôt qui l'offrait au nom du Roi ; il en présentait un second du meme poids pour la Prévôté.

A l'occasion de ce Philippe-Auguste, je vais présenter un court extrait d'une charte fort curieuse en latin, donnée en 1209 par ce Prince, concernant la police d'Amiens, et mise en francais dans l'hommage rendu en 1302 par Guillaume de Mâcon, Évêque d'Amiens, pour la régale. Le texte latin est en entier dans l'Histoire d'Amiens, par le P. Daire, tom. II.

Qui *fiert* du *puing* ou de *paume* (qui frappe du poing ou de la main), aucun qui est de commune, *se n'est glouton* ou *l'echeur* (si ce n'est un manant, un goujat), s'il ne s'en puet deffendre contre le *feru* (le blessé) par deux tésmoins, il donra xx sols, xv ſ à le commune et v. ſ as segneurs.

Item qui *navre sen juré* d'armes (qui blesse d'armes son juge, son magistrat), se il ne s'en puet defendre par loyal temoignage et par serement contre le *navré* (le blessé), il perdera le puing ou ix lb pour le racat (le rachat) de sen puing ; vi lib., à la frémeté (aux fortifications) de la chité d'Amiens, et à le commune, lx ſ à le justiche des segneurs ; et s'il ne les puet rendre, il livrera sen puing eu le *merchi* de commune (il s'aban-

donnera à la merci de la commune) sauf le *catel* as segneur (son mobilier restera au seigneur).

.... Item qui jette sen *juré* en *yeau* ou en *palu*
(son concitoyen dans l'eau ou dans un marais), et chil
qui se *claime* (réclame) à un seul tesmoing, et si maire
voit la *conchieure* (la souillure, la marque de l'eau ou
de la boue), li *manfaiseure* (celui qui a fait le mal)
perdera LX *S*. De *chou* (de cela) aura le justiche des
segneurs XX *S*, et li maires le *remanant* (et le restant
au maire.) Se li *conchi* (le *souillé*) na nul temoing,
il s'en diffendera par sen serment en contre le *conchieur*
(celui qui a jeté à l'eau).

Chil qui appele sen juré serf, ou ruriant, ou traître,
ou *willoch*, c'est-à-dire *coup* (*cocu*) XX sols donra.

Item se aucun est banis de le vile d'Amiens pour aucun meffait, li roy, li segneur, li prevot, le roy l'ives-
que et li maires, chacun de chians le *puet conduire en
le vile d'Amiens une fois l'an, fors de murdre, de ome-
chide de orson et de trahison et de rapt.* c. à d. que ces
seules autorités auront le droit de faire entrer le banni
une fois l'an dans la ville, hors le fait d'assassinat, d'ho-
micide, de crime d'incendie et de vol. *viol.*

Les registres de la municipalité font mention d'un
gentilhomme qui a eu le poing coupé pour avoir frappé
le Maire de la ville.

9°. *Sonnerie.* Quand les Évêques de Beauvais, de Noyon,
de Cambray et de Boulogne pour Thérouenne, venaient
à Amiens, on sonnait le gros bourdon en branle, en mémoire de ce que les Évêques de ces différens siéges avaient
assisté à l'ouverture du tombeau de St. Firmin-le-Martyr,
faite par St. Salve. On le sonnait également au retour de
l'Évêque d'Amiens, après une absence de six semaines.

10º. *Fête des fonx*. Elle se célébrait le jour des Innocens. Les enfans de chœur choisissaient un d'entr'eux pour évêque, les autres portaient les noms de ses officiers et de cardinaux. La cérémonie se terminait par un grand repas, pour lequel le Chapitre donnait 45 #.

11º. *Office du St. Sépulchre*. Le jour de Pâques, entre matines et laudes, on faisait l'office du St. Sépulchre, et l'on y représentait l'étonnement des saintes femmes, et leur entretien avec les Anges. Deux Chapelains contrefaisaient les *Maries*, les enfans de chœur figuraient les *Anges*.

12º. *Scène de Joseph*. Le 4ᵉ. dimanche de carême, les vicaires-chantres jouaient sur le parvis la scène de Joseph. Cet usage a duré jusqu'en 1496.

CHAPITRE X.

TABLEAU CHRONOLOGIQUE

DES ÉVÊQUES D'AMIENS,

Avec une courte Notice historique *sur chacun d'eux.*

LE nom d'*Évêque* est emprunté des Grecs; il signifiait chez eux le surveillant, l'inspecteur. Les Latins le donnèrent, dans ce sens, à ceux dont la fonction était de visiter le pain et les vivres : Cicéron qui avait eu cet emploi, se nommait *Episcopus oræ Campaniæ*.

Les premiers chrétiens donnèrent ce nom, parmi eux, aux chefs chargés de gouverner les provinces qu'ils habitaient; ces provinces furent appelées *diocèses*.

Tous les prêtres, dans l'origine, se nommaient évêques. Ce titre fut restreint dans la suite aux premiers Prélats des églises.

Les Évêques, en général, sont regardés comme les successeurs des Apôtres. Ils sont sous la jurisdiction immédiate du souverain Pontife.

Leur nomination par le peuple et le clergé n'a duré que peu de tems. En France, les suffrages du peuple ne furent guère que pour la forme ; et depuis Clovis, aucun clerc ne fut élu Evêque que par le suffrage ou le consentement de nos Rois. Le Concordat passé entre François Ier. et le Pape Léon X, en 1515, transféra aux Rois seuls le droit de nommer aux evechés ; le Pape se réserva de confirmer les élections, et d'accorder les bulles.

Cet usage n'a été interrompu que pendant la révolution : la constitution civile du Clergé rétablit les élections populaires. Éleonore-Marie Desbois de Rochefort, ci-devant Curé de St. André-des-Arcs de Paris, fut nommé Évêque du département de la Somme, en 1791, par l'assemblée électorale de ce département : consacré par l'Archevêque constitutionnel de Paris, le 3 avril de la même année, il prit possession de son église et de son évéché, le dimanche 10 avril suivant, et préta le serment requis par les lois. Mais les Evêques nommés par les électeurs, dans ces tems de trouble, n'ont jamais été reconnus par le saint Siége : en recevant la plénitude du sacerdoce, ils n'ont reçu ni la mission ni la jurisdiction canonique, qui seules constituent légalement un Évêque. Le peuple n'y a pris aucune confiance. Le Concordat passé entre l'Empereur des Français Napoléon-le-Grand, et le Pape Pie VII, a rétabli l'ancien usage. C'est ce Monarque qui a nommé tous les Évêques actuels de France.

Noms

Noms des Évêques d'Amiens, depuis St. Firmin jusqu'à
M. de Mandolx, Évêque actuel.

(*Nota.* J'ai suivi le *Gallia Christiana* pour l'ordre
chronologique, au titre *Ecclesia Ambianensis.*)

1er. *St. Firmin.* Cet apôtre de la Picardie naquit à   3e. siècle.
Pampelune en Espagne. Venu dans les Gaules pour y
annoncer l'Évangile, il vint se fixer à Amiens, et en fut
le premier Évêque. C'est dans le château fort de cette
ville que, pour prix de son apostolat et de ses vertus, il
souffrit le martyre le 25 septembre 303, par l'ordre de
Valère Sébastien, Préfet pour les Romains. Le Sénateur
Faustinien, converti à la foi par St. Firmin, fit ramasser,
dans la prison, les membres dispersés du martyr, et les
fit enterrer honorablement dans son héritage nommé
Abladène, aujourd'hui St. Acheul.

2e. *Euloge* fut le successeur immédiat de St. Firmin,   4e. siècle.
vers l'an 325. Il assista au Concile de Cologne en 346.
On ne sait pas au juste l'époque de sa mort; on croit
qu'elle eut lieu en 350 ou 367.

3e. *St. Firmin,* 2e. du nom, né à Amiens, fils de Faustinien, l'un des Magistrats de la ville, est regardé comme
le fondateur de l'église de St. Acheul, au faubourg de
Noyon. Je n'indiquerai les dates ni de sa naissance, ni
de sa mort, et je me permettrai encore moins de nom-
brer les années de son pontificat : les dates données par
les historiens sont inadmissibles. Il fut inhumé à Saint-
Acheul, dans l'église qu'il avait fait bâtir sur le tombeau
de son patron. On le nomme St. Firmin-le-Confesseur,
pour le distinguer de St. Firmin-le-Martyr. L'Empereur

E e

Cratien l'honora de son estime et de son amitié.

4e. *Léonard* ou *Léodard*. On le dit élu Évêque en l'an 409. Sous son pontificat qui dura 30 ans, la ville d'Amiens fut brûlée par des barbares qui se répandirent dans les Gaules, et saccagèrent tout sur leur passage. Les dates de sa naissance et de sa mort ne sont pas connues. Tout autorise à croire que les noms de quelques-uns des premiers Évêques d'Amiens ne sont pas venus jusqu'à nous.

5e. *Audouen.* D'après la Chronique du P. Malbranc, Dominicain, il fut élevé à l'épiscopat l'an 450, et mourut en 504. Ce Prélat eut la douleur de voir Amiens réduite de nouveau en cendres par le féroce Attila, Roi des Huns.

6e. *Élibie,* élu vers l'an 484, se trouva au premier Concile d'Orléans en 511, sous le regne de Clovis. On croit qu'il a gouverné le diocèse d'Amiens pendant 40 ans. Quelques personnes fixent sa mort en 524.

7e. *Béat.* Il fut élu au commencement du regne de Childebert. Cet Évêque assista, en l'an 549, à un Concile d'Orléans, tenu pour abolir le nestorianisme. Il siégea 39 ans, et mourut en 564.

8e. *St. Honoré,* fils d'Aimeric, Comte de Ponthieu, élu vers l'an 566, occupa le siége d'Amiens pendant 36 ans. Ce fut du tems de ce saint Prélat que les corps des martyrs Fuscien, Gentien et Victorice, furent découverts à l'endroit même de leur sépulture, au village de Sains, situé à un myriamètre d'Amiens. Il mourut le 16 mai, vers l'an 600.

9e. *St. Salve* succéda à St. Honoré ; d'autres disent que ce fut à l'Évêque Dadon. Les difficultés chronologiques sont ici en grand nombre. Je donne la préférence aux auteurs du *Gallia Christiana.* Disons donc que ce Prélat fut élu vers le commencement du septième siècle. Ce fut lui qui découvrit à St. Acheul le corps de St. Firmin-le-Martyr. Il est le premier qui ait réuni en lui les deux qualités de Magistrat et d'Évêque : ses vertus, ses qualités le firent nommer Seigneur temporel et spirituel de la ville.

10e. *St. Berchund.* Point de renseignemens certains sur son compte. Il est seulement sûr qu'il siégeait du tems de Clotaire II. Son nom se rencontre dans toutes les anciennes Litanies. Il est mort en 627.

11e. *Bertefride.* Ce Prélat assista au Concile de Châlons, tenu en 644 en faveur de Ste. Batilde, mère de Clotaire III, et Régente du royaume. C'est lui qui, en 662, aidé de treize Évêques, célébra la dédicace du monastère de Corbie. Il a gouverné le diocèse pendant 25 ans.

12e. *Théodéfride.* Il était moine de Luxeul en Franche-Comté, lorsque la Reine Batilde le choisit pour le faire premier Abbé de Corbie qu'elle venait de fonder. Son avénement à l'épiscopat date de l'an 670.

13e. *Deodat.* On ne sait rien de positif sur cet Évêque.

14e. *Dadon.* Aucun auteur, aucune Chronique ne parle de lui. On sait uniquement qu'il est mort vers l'an 685.

15e. *Versinien* ou *Ursinien.* Tout ce que l'on sait de ce Prélat, c'est qu'il a figuré dans un diplôme du Roi Childebert, en 697.

16e. *Dominique.* Il assista, l'an 721, à la translation de St. Lambert faite par St. Hubert. On ne sait pas autre chose de lui.

17e. *Christian.* Il fut élu Évêque l'an 723. C'est lui,

8e. siècle.

E e 2

qui, en 739, consacra la vierge Ste. Ulphe. Son épiscopat a duré 17 ans. Il est mort l'an 740.

18e. *Rimbert*. Il était Abbé de St. Valery, lorsqu'il prit possession du siége épiscopal d'Amiens, l'an 748. Sa mort arriva le 5 des calendes de mars, l'an 766.

19e. *Vitulphe*. Il est mort en 777, après avoir siégé environ 11 ans.

20e. *Georges*. Son avénement date de 778. Il a consacré plusieurs églises dans le diocèse, entr'autres celle de Centule, aujourd'hui de St. Riquier, vers l'an 798. Cette ancienne abbaye de Bénédictins avait cent tours : de-là son premier nom de *Centule*. *Turribus à centum Centula nomen habet*.

21e. *Jessé* devint Évêque en 798, sous le règne de Charlemagne. En l'an 800 il assista au couronnement de cet Empereur, qui eut lieu à Rome et fut célébré par le Pape Léon III. En 809 il assista au Concile d'Aix-la-Chapelle. En 811 il fut du nombre des Prélats qui signèrent le testament de Charlemagne. Cet Évêque, homme de cour et peu attaché aux devoirs de son état, ternit la gloire qu'il s'était précédemment acquise, en manquant de fidélité à Louis-le-Débonnaire, fils aîné de l'Empereur, et en se rangeant parmi les factieux de la cour, dont le Comte Bernard était le chef. Jessé fut démis dans un Concile tenu à Noyon l'an 831, comme criminel de lèse-majesté. Réintégré par son métropolitain Ebbon, il quitta peu de tems après son siége pour se réunir aux complices de sa révolte, exilés en Italie, où il mourut de la peste au bout de trois ans.

9e. siècle. 22e. *Raginaire*. Ce Prélat, mort vers l'an 848, assista en l'an 835 au Concile de Thionville, assemblé au sujet de la conspiration contre Louis-le-Débonnaire , dont Ebbon , Archevêque de Rheims , était le fauteur principal. Il fit aussi partie de plusieurs autres Conciles.

23e. *Hilmérade* fut nommé Évêque d'Amiens par la protection de Charles-le-Chauve en 849. Entr'autres Conciles auxquels il se trouva, l'on cite celui de Paris, tenu en 859 , et celui de Soissons, tenu en 853. Sa mort eut lieu vers l'an 872.

24e. *Gérolde.* De Chanoine de la Cathédrale d'Amiens, il en devint Évêque vers l'an 872 : il se trouva au Concile de Châlons-sur-Saône en 875 , et à celui de Pontion en 876. Le Nécrologe d'Amiens marque sa mort en l'an 891 , et celui de Corbie , le 25 septembre 880.

25e. *Octaire* ou *Otgère* , siégea en 892, assista à plusieurs Conciles, et mourut en 928 , âgé de plus de 100 ans. C'est aux sollicitudes de ce Prélat qu'on doit la découverte des corps des SS. martyrs Victorice, Fuscien et Gentien. La ville d'Amiens fut réduite en cendres sous son pontificat , l'an 925.

26e. *Dérolde* fut d'abord Médecin , puis Évêque en 929. On le voit paraître au Concile de Soissons en 941. Il mourut l'an 947.

10e. siècle.

27e. *Thibault* ou *Tetbauld* , excommunié et dégradé par le Concile d'Engelhein en Allemagne , pour avoir brigué et usurpé l'épiscopat, fut expulsé de son siége après deux ans d'occupation.

28e. *Ragembalde* ou *Raimbold* , ci-devant Abbé de St. Valery. On croit que sa mort arriva en 972. D'après le *Gallia Christiana* , il n'aurait pas vécu au-delà de 950.

29e. *Thibault.* C'est le même qui , précédemment expulsé, parvint de nouveau, par ses intrigues, à remonter sur le même siége. Il en fut encore dépossédé par Étienne, Légat du saint Siége, et par l'Évêque Adalberon, qui l'excommunièrent.

30e. *Alvian.* Il n'est connu que pour avoir succédé à Thibault, et pour être mort en 980.

31e. *Gotesmann.* Il était de la famille royale, neveu de Lothaire IV, et monta sur le siége en 980. Sa mort est fixée en 991.

32e. *Foulques Ier.* était de l'illustre maison des Comtes d'Amiens. En 993 il assita au Concile de Rheims, tenu pour déposséder Arnould qui occupait illégalement le siége métropolitain. Il mourut en 1030.

XIe. siècle. 33e. *Foulques II* succéda à son oncle, sous le règne de Henri Ier.; se trouva au Concile de Senlis en 1048; passe pour avoir donné plus de tems à la chasse qu'aux affaires de son église. Il mourut en 1058.

34e. *Guy* fut élu Évêque en 1058 : il était fils d'Enguerrand Ier., Comte de Ponthieu, et frère de Foulques, Abbé de Foresmontier, et de Hugues, Comte de Ponthieu après son père. Ces trois frères étaient petits-fils de Hugues et de Gisèle, Dame d'Abbeville, fille du Roi Hugues Capet. Ces Comtes de Ponthieu étaient Abbés ou Avoués de St. Riquier depuis St. Angilbert. Il assista au sacre du Roi Philippe Ier., à Rheims, et passe pour avoir été savant et bon poëte. L'époque de sa mort est incertaine.

35e. *Raoul.* On croit qu'il fut fait Évêque d'Amiens en 1078. Persécuté, menacé d'une dégradation, il se démit au bout de deux ans.

36e. *Roricon* était auparavant Chanoine d'Amiens. Il assista à deux Conciles tenus à Méaux, dont le dernier en 1082, et à celui de Compiegne en 1085. Il mourut l'an 1090 ou 1091. Ce Prélat vivait encore en communauté avec son Chapitre.

37e. *Gervin*, ci-devant moine de St. Remi de Rheims, et Abbé de St. Riquier, fut fait Évêque d'Amiens en 1091. Sa vie fut fort agitée. Une accusation de simonie et des plaintes de la part des moines de son abbaye, le forcèrent à se rendre deux fois à Rome. Il en revint triomphant. Peu de tems après, le Pape Urbain le força à se démettre de son abbaye. La sentence rendue par ce Pape au Concile de Clermont en Auvergne, porte qu'il avait mal acquis son évêché, enlevé les ornemens de l'abbaye, et exilé les moines qui s'opposaient à ses excès. Il paraît qu'il quitta son évêché vers l'an 1100, et qu'il mourut à l'abbaye de Marmoutier le 10 janvier 1104.

C'est sous le pontificat de Gervin que vécut le fameux Pierre l'Hermite, l'apôtre de la première croisade en 1095.

38e. *St. Geoffroy* parvint malgré lui à l'épiscopat en 1104. Religieux de l'abbaye du Mont-Saint-Quentin près Péronne, il en conserva toujours les habits. Sa piété, son savoir, son éloquence et sa charité le rendirent extrêmement recommandable. Il assita au Concile de Troyes en 1107. En l'an 1112 il présida le Concile de Vienne en Autriche, et se trouva à plusieurs autres Conciles. Après avoir abdiqué, par suite des troubles qui s'élevèrent dans Amiens à l'occasion de la Commune qui commençait à se former, un canon du Concile de Rheims l'obligea, en 1115, de retourner à son église d'Amiens. Ce Prélat mourut le 8 novembre 1115, à l'âge de 50 ans, et fut enterré dans l'abbaye de St. Crépin de Soissons.

39ᵉ. *Enguerrand de Bóves*, fils d'un Comte d'Amiens de ce nom, Chanoine et Archidiacre de l'Église d'Amiens, en fut fait Évêque en 1116. Il assista au Concile de Rheims, présidé par le Pape Calixte II, et à celui de Beauvais en 1120. Il mourut le 21 mai 1127.

40ᵉ. *Guarin de Chastillon-Saint-Pol*, d'abord Archidiacre de l'Église d'Amiens, occupa le siége épiscopal le 16 octobre 1127. Il souscrivit, en 1133, le testament de Suger, Abbé de Saint-Denis ; se trouva, avec plusieurs Evêques et le Roi Louis VII, dit *le Jeune*, à la pose de la première pierre de l'abbaye de Saint-Denis, en 1140. Son estime et son amitié pour Pierre-le-Vénérable, Abbé de Clugny, le décidèrent à quitter son évêché, et à se retirer au monastère de Clugny dont il prit l'habit, et où il mourut en 1145. Les églises d'Amiens et de Corbie furent consumées par les flammes sous le pontificat de Guarin, en 1137.

41ᵉ. *Thierry*, Bénédictin de St. Nicolas, au diocèse de Laon, puis Abbé de St. Éloy de Noyon, fut placé sur le siége d'Amiens en 1144. Il assista au Concile de Rheims, présidé par le Pape Eugène III en 1148, et mourut en novembre 1164.

42ᵉ. *Robert Iᵉʳ*. monta sur le siége en l'an 1165. Un Cartulaire lui donne la qualité de quatrième Seigneur de la ville. Il mourut l'an 1169.

43ᵉ. *Thibault d'Heilly*, oncle du Roi Philippe-Auguste, Archidiacre d'Amiens, devint Évêque vers l'an 1169. Ce Roi qui connaissait son mérite, l'avait déjà nommé son Conseiller, tant pour le spirituel que pour le temporel.

En

En l'an 1179, il assista au troisième Concile général de Latran, composé de 302 Évêques. Ce fut sous son épiscopat que Philippe-Auguste acquit et réunit à la couronne de France, le comté d'Amiens. Les lettres sont de 1185 et 1186. Ce Thibault mourut le 30 avril 1204.

44e. *Richard de Gerberoi* était Doyen de l'église d'Amiens, avant d'en devenir l'Évêque en 1204. C'est sous son pontificat que Wallon de Sarton, Chanoine de Picquigny, apporta de Constantinople, en 1206, le chef de St. Jean-Baptiste. Ce Prélat mourut sur la fin de 1210.

13e. siècle.

45e. *Évrard de Fouilloy* fut élu Évêque au mois de décembre 1211. En 1215 il assista au quatrième Concile de Latran, composé de 1283 Prélats, dont 673 Évêques. En 1218 il créa pour son chapitre les nouvelles dignités de Préchantre, d'Écolâtre et de Pénitencier.

En l'an 1220, il fit commencer la construction de la nouvelle Église cathédrale d'Amiens. Les fondemens en furent jetés en trois ans, et ce fut sur son plan que ses successeurs l'achevèrent.

Il mourut en décembre 1222. On voit dans la nef, à droite en entrant par le grand portail du milieu, sa tombe et son effigie en cuivre, soutenue par six lionceaux. On a maçonné l'intérieur, pour montrer que cette église est son ouvrage.

46e. *Geoffroy II* ou *Gaudefroy d'Eu*, d'abord médecin, puis Chanoine d'Amiens, ensuite Évêque en 1222. Membre du Concile de Paris en 1223, il assista, avec tous les Pères du Concile, aux funérailles de Philippe-Auguste. Ce Prélat, distingué par son mérite et ses vertus, fit l'office de Diacre au couronnement du Roi St. Louis, qui se fit à Rheims le 29 novembre 1226. Il mourut le 25 novembre

1236. Son tombeau fait pendant à celui d'Évrard. Il est élevé et non maçonné, pour marquer qu'ayant suivi le plan de son prédécesseur, il a élevé les murs de la Cathédrale jusqu'à la voute.

47e. *Arnould*, natif d'Amiens, fils de Roger de Furnival, Médecin du Roi Louis VIII et de St. Louis, fut nommé Évêque d'Amiens en 1236. C'est sous son pontificat que l'Hôtel-Dieu fut transféré de la rue du Hocquet dans la chaussée St. Leu ; qu'il fut pris des arrangemens et fait des fonds pour continuer la construction de la Cathédrale. Il mourut en 1247.

48e. *Gérard de Conchy* était Pénitencier et Doyen de l'Église d'Amiens, lorsqu'il en fut nommé Évêque en 1247. En 1249 il accompagna St. Louis dans son voyage d'outremer, et en revint en 1250. Il mourut en 1257.

49e. *Aléaume de Neuilly*, nommé en 1258 ; il mourut en 1259, après avoir siégé un an.

50e. *Bernard d'Abbeville*, Chanoine de Rouen, fut nommé Évêque l'an 1259. Il souscrivit, en 1275, à la lettre que Pierre Barbet, Archevêque de Rheims, écrivit au Pape Grégoire X, au sujet de la canonisation de St. Louis, Roi de France, père de Philippe-le-Hardi, qui lui succéda. Il cessa de vivre au mois de mars 1278.

Le Chanoine La Morlière, p. 104 des Antiquités de la ville d'Amiens, s'exprime ainsi sur le compte de ce Prélat qui a eu la gloire d'achever la construction de la Cathédrale : « Bernard d'Abbeville, qui serait de la noble et » ancienne maison d'Abbeville, dont quelques-uns, au » Cartulaire de St. Acheul, se qualifiaient encore Seigneurs *de Boubers*, dès l'an 1260, au rapport de la » vieille Chronique de Hainault (chap. 34, vol. 3), eut

» pareillement un neveu nommé Jean d'Abbeville, qui
» fut tôt après Archevêque de Besançon, puis après Car-
» dinal, que le même Ciaconius nomme mal à propos
» Burgundus, puisque cette famille *de Abbatis-Villa*,
» (Abbeville), est assurément de notre diocèse, des-
» cendue des anciens Comtes du Ponthieu, du depuis dite
» *de Boubers.* »

Cet Évêque Bernard était petit-fils d'Ide, Dame de
Boubers, dont les descendans ont continué de porter le
nom, lequel s'est perpétué jusqu'à présent dans la maison d'Abbeville, et de Guillaume d'Abbeville qui, d'après
le témoignage de Moréry, avait pour quart-aïeul Enguerrand, petit-fils de Hugues, premier Comte de Ponthieu, et de Gisle ou Gisèle, Dame d'Abbeville, fille du
Roi Hugues Capet. (Voyez Moréry, aux mots *Abbeville*,
Hugues et *Ponthieu*). La famille très-ancienne de Boubers habite le village de Long, sur la Somme, dans l'ar-
rondissement d'Abbeville.

51ᵉ. *Guillaume de Mâcon :* né à Mâcon, il fut d'abord
Aumônier de St. Louis, l'accompagna en Egypte, l'assista
à la mort, enchevelit et suivit son corps en France. Le
successeur de St. Louis le nomma son Aumônier. Ce fut
en 1278 qu'il fut appelé au siége d'Amiens par le Chapitre. Il conserva la double qualité d'Aumônier et de
Conseiller de Philippe-le-Hardi. Sa réception fut brillante. Le Roi le chargea de plusieurs négociations. Il
mourut l'an 1308, après 30 ans d'épiscopat. C'est ce Pontife qui a eu la gloire d'achever la Cathédrale.

52ᵉ. *Robert II*, dit *de Fouilloy*, échangea l'épiscopat
d'Amiens contre un canonicat de Noyon, en 1308. En
1313 il souscrivit au traité d'alliance fait à Paris au mois.

de décembre, entre le Roi de France, Philippe IV, l'Empereur d'Orient et le Roi de Sicile. Il avait assisté à plusieurs séances du Parlement, et rempli avec succès beaucoup de négociations importantes. Il mourut l'an 1321, le 20 mars.

14e. siècle. 53e. *Simon de Goucans* : d'abord Religieux Bénédictin, prit possession de l'évêché d'Amiens le 29 novembre 1321. C'est le premier Évêque d'Amiens qui s'est intitulé Évêque par la grace de Dieu et du saint Siége apostolique. Son règne fut court ; car il mourut le 3 décembre 1325.

54e. *Jean de Cherchemont ;* élevé à l'épiscopat en 1325, n'arriva qu'au mois d'août 1327, accompagné du Comte de Flandre et de St. Pol. Il avait été précédemment Chanoine de Poitiers, Doyen de St. Germain l'Auxerrois de Paris, et Evéque de Troye. Il fut Chancelier de Philippe de Valois, Roi de France, auprès duquel il était en grand crédit. Après un siége de 47 ans, il mourut subitement le 26 janvier 1373.

55e. *Jean de la Grange ,* dit *le Cardinal d'Amiens ,* Abbé de Fescamps, nonce du Pape innocent VI , Conseiller privé de Charles V, Roi de France , sur-intendant des finances, fut pourvu de l'évêché d'Amiens en 1373. Ce Prince qui l'aimait beaucoup , lui fit obtenir du Pape Grégoire XI , le chapeau de Cardinal. Sa faveur baissa tout-à-fait sous le règne de Charles VI. On l'accusa du péché commun à presque tous ceux qui administrent les finances. Ce Cardinal , ami et fauteur de plusieurs anti-Papes, mourut fort riche à Avignon, le 24 avril 1402. Il s'était démis en 1375 de l'Évêché d'Amiens. Son corps

transféré à Amiens , fut enterré dans l'église Cathédrale ,
à la porte gauche du chœur , àvec cette épitaphe :

Hîc jacet reverendissimus in Christo pater D. D. Joan-
nes de Grangia , Abbas Fiscanensis , deindè Episcopus
Ambianensis , postremò verò S. R. E. Cardinalis Tuscu-
lanus , qui obiit anno Domini 1402 , *die* 24 *aprilis. Orate*
Deum pro eo , ut requiescat in pace in paradiso.

56e. *Jean Roland* fut pourvu de l'évêché d'Amiens par
le Pape Gregoire XI, en 1375. Son entrée n'eut lieu que le
1er. août 1379, peu de tems après son retour de Rome. C'est
lui qui, le 17 juillet 1385, maria, dans son Église cathédrale, Charles VI, avec Isabeau de Bavière. Sous le pontificat
de ce Jean Roland , un arrêt du Parlement, sous la date
du 17 janvier 1383 , abolit l'usage d'acheter de l'Évêque
d'Amiens la permission de coucher avec sa nouvelle
épouse avant l'écoulement de trois jours, à dater de l'é-
poque du mariage. Auparavant cet arrêt , aucun époux
ne pouvait approcher de sa femme avant trois jours,
s'il n'avait obtenu, en payant, une dispense de l'Évêque.
Il mourut le 17 septembre 1388.

57e. *Jean de Boissy ,* né à Lyon , neveu du Cardinal
de la Grange , Chanoine d'Amiens, puis Évêque de Mâcon ,
obtint le siége d'Amiens en 1389. Son entrée n'eut lieu
qu'au mois de janvier 1390. Il assista au concile de Reims
en 1407. Sa mort arriva le 4 septembre 1410. Il fut enterré
près de son oncle.

58e. *Bernard de Chévenon ,* nommé en 1410, ne fit son
entrée que l'année d'après. Il avait successivement été
Évêque de Lavaur, d'Agen et de Saintes. Ce vertueux
Prélat aima mieux quitter son évêché au bout de deux ans,
que de prendre parti dans les querelles des deux maisons

15e. siècle.

d'Orléans et de Bourgogne, dont Amiens était le foyer. Le Pape Jean XXIII le transféra plus tard sur le siége de Beauvais.

59e. *Philibert de Saulx*, fut nommé Evêque d'Amiens en 1413; ne fit son entrée que le 12 août 1415. Il était Conseiller au grand-conseil. On ne le nommait que *le bon Évêque*, tant il avait de droiture, de candeur et de vertus. Il mourut en 1418. Il voulut être enterré sans épitaphe au milieu du cimetière commun, c'est-à dire à St. Denis.

60e. *Jean de Harcourt*, nommé en 1418, fit son entrée en décembre 1419. En butte aux intrigues de Philibert de Mont'eu, Archidiacre de Ponthieu, et de Robert le Jeune, Bailli d'Amiens, homme tout dévoué aux Rois d'Angleterre Henri V et VI, ainsi qu'au Duc de Bourgogne qui voulaient s'emparer d'Amiens, au préjudice du Roi de France, Charles VI; il fut obligé d'abandonner son siége. Le Pape Eugène IV lui donna plus tard l'évéché de Tournay. Il est mort Archevêque de Narbonne, le 13 juin 1452.

61e. *Jean le Josne* ou *le Jeune*, fils du Bailli de ce nom dont je viens de parler, Chanoine d'Amiens, en devint Évêque en 1433. Bientôt après il devint Évêque de Thérouenne, puis Cardinal, ensuite Légat du saint siége en France. Il mourut à Rome le 9 septembre 1451, à l'âge de 40 ans.

62e. *François Condelmerio*, neveu du Pape Eugène IV, fut pourvu de cet évéché en 1436; mais il n'en prit pas possession.

63e. *Jean Avantage*, d'abord Chanoine de Cambray, puis d'Amiens en 1430, nommé Évêque en 1437, fit son entrée le 16 mars 1438. Ce Prélat savant et vertueux, mourut le 26 novembre 1456, après 19 ans d'épiscopat.

64ᵉ. *Ferry de Beauvoir*, fut nommé le 14 janvier 1456. Il avait été Chanoine d'Amiens, de Thérouenne et de Cambray. En 1461 il assista au sacre de Louis XI, qui se fit à Rheims le 15 du mois d'août. C'est le premier Evêque d'Amiens qui ait accordé la permission d'user, en carême, du beurre et du laitage, moyennant une aumône volontaire. Ce Prélat mourut à Montreuil le 28 février 1472.

65ᵉ. *Jean de Gaucourt* fut nommé par le Pape Sixte IV. Louis XI avait fait défense au Chapitre de procéder à aucune élection. L'évêché ne fut possédé qu'en commande. Il n'y eut point de prise de possession. Ses bulles sont du 26 février 1473. Ce Prélat mourut à Paris le 4 mai 1476.

66ᵉ. *Louis de Gaucourt*, frère du précédent, Conseiller de Louis XI, fut nommé par le même Pape, et ne posséda qu'au même titre. Sa prise de possession date de l'an 1476. Il mourut en 1482.

67ᵉ. *Pierre Versé* monta sur le siége d'Amiens en 1482; ne fit son entrée que le 8 mai 1483. Il assista le 30 mai au sacre de Charles VIII, fils de Louis XI. Il mourut en 1500, le 10 février.

68ᵉ. *Philippe de Clèves*, fils du Duc de Clèves, prit 16ᵉ. siécle. possession par procureur le 19 octobre 1501; mais il n'est jamais venu à Amiens. Il était en même tems Évêque de Nevers. Le Pape Alexandre VI lui avait permis de jouir des deux évêchés. En 1503 il se démit de l'évêché d'Amiens, et obtint celui d'Autun.

69ᵉ. *François de Halluin*, Abbé du Gard, fut, à l'âge de 20 ans, placé sur le siége d'Amiens par une bulle du Pape Alexandre VI, datée de 1503. Il ne fit son entrée que le 12 septembre 1507. Le Concile de Pise le vit en

1511, et il parut au Concile de Latran en 1514. Le 9 octobre de la même année, il assista au mariage de Louis
XII avec la Princesse Marie d'Angleterre, qui fut célébré
à Abbeville. Ce Prélat eut beaucoup de procès avec son
Chapitre, censura et excommunia beaucoup de Chanoines.
Extrêmement passionné pour la chasse, il mourut en 1538
à l'abbaye du Gard, des suites d'une blessure que lui fit
un sanglier qu'il poursuivait. Son corps est resté à l'abbaye du Gard, quoique, de son vivant, il se fût fait
construire un mausolée magnifique dans son Église cathédrale. C'est pendant son épiscopat que le clocher de
la Cathédrale fut brûlé par le feu du ciel, et rétabli par
les libéralités de Christophe de Lameth, grand-maitre de
la confrérie de N. D. du Puy, en 1493.

70e. *Charles Hemard de Dénonville*, Cardinal de Mâcon. Ses vertus lui acquirent le nom de *Bon Pasteur*. La
protection de François Ier., dont il était Conseiller d'Etat
et orateur en cour de Rome, accumula beaucoup de bé-
néfices sur sa tête. Ce Prince l'employa en plusieurs am-
bassades en 1531, vers les Papes Léon X, Clément VII
et vers d'autres Puissances. C'est en 1538 qu'il fut transféré de Mâcon à Amiens, en conservant toutefois la
jouissance des deux siéges. Il mourut le 23 août 1540 en
son évêché, à l'âge de 47 ans.

71e. *Claude de Longry*, d'abord Évêque de Mâcon,
puis de Langres, de Périgueux, de Poitiers, obtint encore l'évêché d'Amiens, dont il prit possession par procureur le 13 octobre 1540, sans y être jamais venu. Il
mourut à Langres le 28 août 1561, sous le titre de Cardinal de Givry.

72e. *François de Pisseleu*, frère de la Duchesse
d'Etampes,

d'Étampes, maîtresse de François Ier., prit possession le 12 février 1546. Il était de la célèbre maison de Heilly en Picardie. Ce fut pendant son absence que, le 8 mai 1549, Adrien de Henencourt, Doyen de la Cathédrale, célébra la messe en actions de graces de la reddition de Boulogne, et reçut les sermens d'Édouard VI, Roi d'Angleterre, et de Henri II, Roi de France, qui jurèrent la paix en cette église.

73e. *Nicolas de Pellevé*, était Conseiller au Parlement de Paris lorsque, sous Henri II, il devint Évêque d'Amiens. Ses bulles sont du 13 juin 1553. Il fit son entrée le 15 août suivant. Sa fortune fut l'ouvrage du Cardinal de Lorraine, auquel il était très-attaché. Employé comme Nonce du Pape Paul IV à différentes négociations, il fut, à son retour, si chagriné, si persécuté par les protestans qui avaient séduit une grande partie du Clergé, tant séculier que régulier, qu'il renonça à son évéché en 1561. Le 15 décembre 1562, il fut nommé Archevêque de Sens. Il assista, en 1563, au Concile de Trente. Nommé Cardinal par Clément VIII, il mourut à Paris le 16 mars 1594, à l'âge de 77 ans, emportant avec lui l'odieuse gloire d'avoir sollicité et obtenu un bref d'excommunication contre le Roi de Navarre et le Prince de Condé.

74e. *Antoine, Cardinal de Créqui*, fut, en 1553, nommé par Henri II à l'évêché de Thérouenne; mais il n'en put jouir alors, par la ruine totale de cette ville que Charles-Quint fit raser *rez-pied, rez-terre*. Chevalier de l'ordre de St. Michel et Évêque de Nantes, il devint Évêque d'Amiens en 1561, par suite de la permutation qu'il fit avec le Cardinal de Pellevé. Il prit possession par procureur trois ans après, savoir, le 29 septembre 1564.

G g

Après avoir assisté au Concile de Rheims, il fut, le 11 mars 1565, à la sollicitation de Charles IX, créé Cardinal. Il mourut le 20 juin 1574. Son cœur est enterré dans le sanctuaire de la Cathédrale, devant le grand autel, et son chapeau de Cardinal, qui était auparavant suspendu sur sa tombe, est maintenant attaché à un des piliers du chœur.

75e. *Geoffroi de la Marthonie* fut nommé le 25 mars 1577, après que le siége d'Amiens eut vaqué pendant trois ans. Ce Pontife, grand partisan de la Ligue, osa, en 1594, donner un mandement séditieux contre le Roi Henri IV. Presque tous les Français étaient alors ligueurs, soit par intérêt, soit par religion, soit par superstition. Le Duc d'Aumale qui dominait depuis long-tems dans la ville, en fut chassé dans la même année. Un arrêt du Parlement, du 9 juillet 1594, décréta cet Évêque de prise de corps, confisqua tous ses biens, et fit défense à ses diocésains de lui obéir et d'avoir aucun commerce avec lui. Plus tard il reconnut les droits du bon Roi, et fut aussi fidèle sujet qu'il avait été ardent ligueur. M. Lefebvre de Caumartin fut nommé son coadjuteur en 1613. Son épiscopat fut traversé par beaucoup d'événemens fâcheux, tels qu'une famine en 1587, la peste en 1596, et la prise d'Amiens par les Espagnols en 1597. Il mourut le 17 décembre 1617.

17e. siècle.

76e. *François Lefebvre de Caumartin*, sacré Évêque d'Amiens à Paris par le Nonce du Pape, en 1617, fit son entrée le 1er. juillet 1618, accompagné de 120 gentilshommes. C'est ce Prélat qui fut si violemment hué et maltraité à Montreuil pour l'enlèvement furtif de quelques os d'un St. Wulphy, dont il voulait faire présent

à son église et à celle de Rue. L'autorité publique s'en
mêla. Par sentence du 23 août 1634, six particuliers de
la ville de Montreuil furent condamnés à être pendus en
effigie ; vingt-un au bannissement, et un grand nombre
à l'amende. M. de Caumartin fit commuer le tout en une
amende de 1600 tt, pour être distribuée selon ses ordres ;
elle fut payée de suite, et l'interdit dont l'Évêque avait
frappé la ville, fut levé.

Ce Prélat eut à se reprocher sa confiance et son amitié
pour le fameux Labadie. Il mourut d'apoplexie à Amiens
le 17 novembre 1652, à l'âge de 60 ans, après un règne
de 36. C'est le premier Évêque d'Amiens qui ait porté
la croix pastorale.

77e. *François Faure*, Religieux Cordelier, Prédicateur de la Reine, mère de Louis XIV, fut d'abord nommé
Évêque de Glandèves le 6 mars 1651, ensuite Évêque
d'Amiens le 7 mars 1653. Il prit possession par procureur le 3 juin 1654. Ce Prélat fit les fonctions de Diacre
au sacre de Louis XIV, qui se fit le 7 juin 1654 à Rheims.
C'est au retour de cette imposante cérémonie, que M.
Faure fit sa première entrée dans Amiens le 28 dudit
mois. Il accompagna, en 1660, le Roi en qualité de son
Confesseur, dans le voyage que ce Prince fit à St. Jean-
de-Luze pour épouser Marie-Thérèse d'Autriche qui s'y
était rendue. Sous son pontificat, la peste fit de grands
ravages à Amiens pendant les années 1668, 69 et 70. Ce
digne pasteur n'abandonna pas son troupeau ; il soulagea
de ses soins et de sa bourse les pauvres de son diocèse.
Ce fut lui qui, le premier, ordonna de faire, devant la
porte des églises paroissiales, des feux de joye en l'honneur de St. Jean-Baptiste, et que le Clergé en proces-

sion irait y mettre le feu. L'ordonnance est du 23 juin 1656. Universellement aimé et estimé, ce respectable Pontife mourut subitement à Paris le 11 mai 1687. Son corps repose dans la chapelle de St. J. B., sous un mausolée que lui éleva la reconnaissance.

78e. *Henri Feydeau de Brou*, Aumônier de Louis XIV, fut nommé par ce Prince à l'évêché d'Amiens, le 18 mai 1687. Sacré à Paris le 31 août 1692, il fit son entrée dans Amiens le 24 octobre suivant. Ce Prélat fut un des trois consécrateurs de l'immortel Fénélon, sacré Archevêque de Cambray le 10 juillet 1695. Il mourut en 1706, le 14 juin, à l'âge de 53 ans.

18e. siècle.   79e. *Pierre Sabatier* fut nommé Évêque le 15 août 1706. Ce Prélat eut l'honneur d'assister au sacre de Louis XV, le 25 octobre 1722. Depuis le 18 juin 1707 jusqu'au 20 décembre 1732, il a ordonné 1863 Prêtres. On remarque à sa louange, qu'il ne cumula aucun bénéfice pendant sa vie. Ce bon pasteur fut arraché à ses ouailles le 20 janvier 1733, âgé de 79 ans, après avoir gouverné son bercail pendant 26 ans. Les pauvres de l'hôpital - général d'Amiens furent ses légataires universels. M. de Chauvelin, lors Intendant, se fit un honneur de conduire le deuil. Le Chapitre le fit inhumer vis-à-vis la nouvelle chapelle de St. Jean-Baptiste, dont il procura la belle décoration, pour acquitter le vœu que la ville d'Amiens en avait fait lors de la dernière peste.

80e. *Louis-François-Gabriel de la Mothe d'Orléans*, né le 13 janvier 1683, sacré le 4 juillet 1734, fit son entrée dans Amiens, comme Évêque, le 9 septembre de la même année. Ce Prélat, dont la mémoire est en bénédiction, a édifié son diocèse par ses vertus. Son esprit était vif, son

humeur gaye, sa piété aimable. C'est sous son règne que
la Cathédrale a reçu la plus grande partie des nouveaux
embélissemens qui la décorent. Son siége a été de 40 ans.
Il est mort le 10 juin 1774, âgé de 92 ans. Son corps
repose dans le sanctuaire de son église, et son cœur
dans le cimetière de St. Denis.

81e. *Louis-Charles de Machault*, né le 29 décembre
1737, coadjuteur de M. de la Mothe, avait été sacré
Évêque d'Europée, le 15 mars 1772, avant de monter
sur le siége d'Amiens. Il fit son entrée en 1774. La révolution le força à s'expatrier en 1792. Il a été rendu à
sa patrie, mais non à son diocèse. La piété qui le distingue, l'a fait souscrire sans difficulté au Concordat passé
entre l'Empereur Napoléon et le Pape Pie VII. La paix
que cet acte a rendue à l'Église affligée depuis si long-
tems, est pour son cœur le plus précieux dédommage-
ment. Tout le diocèse ne parle qu'avec attendrissement
et vénération, de ses vertus, de sa charité envers les pauvres, et de ses malheurs.

82e. *Jean-Chrisostôme Villaret* a été nommé Évêque
d'Amiens par décret consulaire du . . . . Il fit
son entrée le 8 juillet 1802, sans appareil et sans avoir
prévenu personne de son arrivée. Son installation se fit
avec beaucoup de pompe, le 11 juillet de la même année,
par M. de la Tour d'Auvergne, Évêque d'Arras, commis
à cet effet par le Cardinal de Belloy, Archevêque de
Paris, métropolitain d'Amiens. Plus de dix mille personnes assistèrent à cette cérémonie. C'est ce Prélat recommandable par ses vertus, son cœur, son caractère et
ses talens, qui a eu le bonheur de recevoir dans son
église Napoléon Bonaparte, alors Premier Consul, main-

19e siècle

tenant Empereur des Français. L'estime que ce Prince
a conçue pour lui, nous l'a fait perdre. Devenu son Commissaire en Piémont, pour y organiser le Clergé de cette
nouvelle partie de l'Empire, M. Villaret a depuis été
nommé Évêque d'Alexandrie. Son siége vient de nouveau d'être transféré à Casal, département de Marengo.
Il a emporté avec lui les regrets et l'affection de tous
ceux qui l'ont connu. Ses regards et sa pensée se portent souvent sur un pays qui était cher à son cœur. Les
Picards sont pour beaucoup dans les vœux que sa belle
âme adresse à l'Étern .

83. *Jean-François de Mandolx*. Le décret impérial
qui l'a nommé, est du 24 frimaire an 13. Ses bulles sont
du 4 février 1806. Il avait été sacré Évêque de la Rochelle,
le 2 février 1803. Arrivé dans sa ville épiscopale le 6 avril
1805, il n'a été installé que le 17 avril 1806, par M. Clausel,
Vicaire général du Diocèse, délégué à cet effet par S. É.
le Cardinal de Belloy, Archevêque de Paris, Métropolitain de l'évêché d'Amiens.

Dans l'intervalle de son arrivée à son installation,
M. de Mandolx a exercé les fonctions épiscopales, en
vertu de l'indult à lui accordé par le Pape Pie VII,
daté de Paris, le 3 février 1805.

F I N.

Illc pennam fixi; pœnitet me si malè scripsi.

TABLE DES CHAPITRES.

Fin de la table des Chapitres.

TABLE

TABLE DES MATIÈRES.

A.

B.

C.

H h

Chapelles.

F I N.

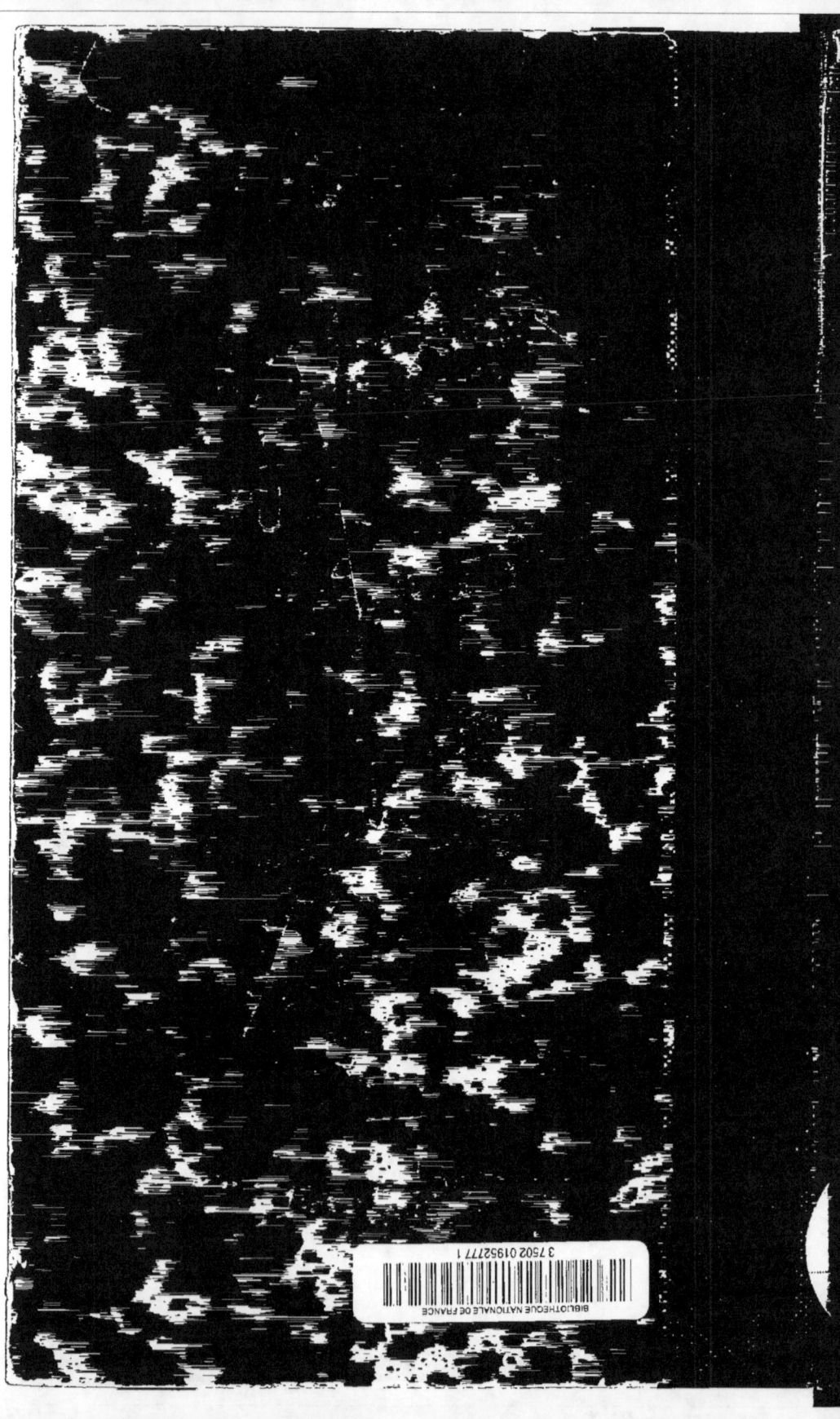